JN339003

웃기는 유머! 섹시한 유머!

초판 1쇄 인쇄_2009년 9월 15일 | 초판 3쇄 발행_2011년 4월 11일
엮은이_유머 연구회 | 펴낸이_진성옥·오광수 | 공급처_꿈과희망 | 펴낸곳_올댓북
디자인·편집_김창숙, 박희진 | 영업_김진용 | 인쇄_보련각(김영선)
주소_서울특별시 용산구 원효로 1가 112-4 디아뜨센트럴 217
http://www.dreamnhope.com| e-mail_ jinsungok@empal.com
전화_02)2681-2832 팩스_02)943-0935 출판등록_제1-3077호
ISBN | 978-89-90790-90-3 03810 | 값 6,000원
ⓒ Printed in Korea. | ※ 잘못된 책은 바꾸어 드립니다.

※ 올댓북은 꿈과희망의 브랜드명입니다.

머리말

웃는 순간,
행복과 성공, 그리고 기적이 일어난다.

사람은 누구나 행복해질 권리가 있다. 그 행복을 누리기 위해 우리는 목표를 세우고, 이를 이루기 위해 온갖 방법을 찾곤 한다.

그러나 목표를 달성하고 사회에서 성공의 대열에 오른 순간, 얼마나 많은 사람이 행복을 느낄까. 성공을 이룬 사람들 중 많은 사람들이 성공을 이루었음에도 행복하지는 않다고 한다. 성공했다고 하는 그 속을 들여다보면 금전, 권력, 명예가 중심을 이루고 있음을 알 수 있다.

그런 성공 속에는 인간이 빠져 있는 경우가 많다.

사람들과 함께할 수 있는 행복과 성공, 그 길은 결코 힘든 길이 아니다.

하루하루 기쁨이 있고, 함께 웃을 수 있다면 우리는 매일매일 행복을 느끼게 되고, 이런 날들이 모여 성공한 삶을 살 수 있을 것이다.

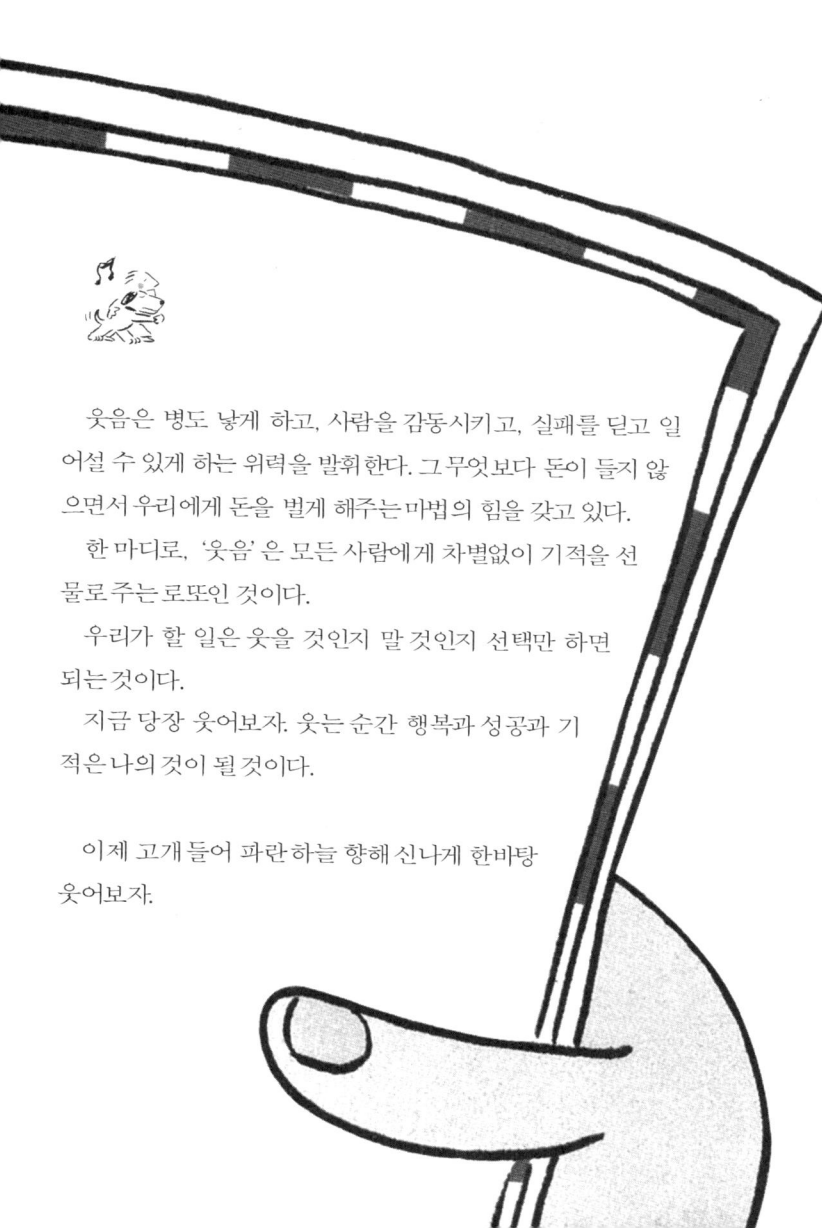

웃음은 병도 낫게 하고, 사람을 감동시키고, 실패를 딛고 일어설 수 있게 하는 위력을 발휘한다. 그 무엇보다 돈이 들지 않으면서 우리에게 돈을 벌게 해주는 마법의 힘을 갖고 있다.

한 마디로, '웃음'은 모든 사람에게 차별없이 기적을 선물로 주는 로또인 것이다.

우리가 할 일은 웃을 것인지 말 것인지 선택만 하면 되는 것이다.

지금 당장 웃어보자. 웃는 순간 행복과 성공과 기적은 나의 것이 될 것이다.

이제 고개 들어 파란 하늘 향해 신나게 한바탕 웃어보자.

chapter_1 웃음은 희망을 퍼뜨리는 바이러스다

11영리한 한국인 ▥ 13아가씨와 아줌마의 다른 점 일곱 가지 ▥ 15넌센스 파티 ▥ 17국사 시험 답안지 ▥ 18변태 아빠의 수학 공부 ▥ 20대단한 여비서 ▥ 22 "지가 누군지 아십니꺼?" ▥ 24아이들 세계 ▥ 26순발력 만점 테스트 10문제 ▥ 28여덟 글자로 말하기 ▥ 29인도 남자와 한국 여자 ▥ 31명자야 미안 ▥ 33오빠와 할아버지의 차이 ▥ 34여학생에게 적합한 질문 ▥ 36바보의 숫자 세기 ▥ 38절대 컨닝하지 않은 점수 ▥ 40새 신랑과 고3의 공통점 ▥ 41수리하러 왔는데요 ▥ 43바람둥이 남편 ▥ 45언어의 부메랑 ▥ 46미친년과 그 언니들 ▥ 48너무도 얄미운 그녀들 ▥ 50대신 옆에 있는 아이를 때리시면 ▥ 51넌센스 10 ▥ 53아줌마들이 생각하는 요즘 남편 ▥ 54모범생의 영어 ▥ 56부부란 ▥ 57아인슈타인의 운전기사

chapter_2 웃음은 기적을 가져오는 마법이다

61하늘 별 따기보다 더 힘든 일 ▥ 62경상도 사람, 서울 사람 ▥ 63충청도 상인 ▥ 64다섯 살 영희와 철수 ▥ 66담배와 모범생 ▥ 68빨리 옷 벗어 ▥ 69무식한 승객 ▥ 71갈 데 없으니까 ▥ 72재미있는 동네 이름 ▥ 74아내의 전 남편 ▥ 75막강 넌센스 퀴즈 ▥ 78책에 미친 남편 ▥ 80일본 사람 이름 풀이 ▥ 81남의 아들 ▥ 83거짓말의 완벽성 ▥ 84치킨 부자 ▥ 86충청도식 영어 ▥ 88피아노가 아니어서 다행 ▥ 89몸이 굳어지는 아이 ▥ 91여행의 동반자(?) ▥ 92직행이라예 ▥ 94사내들이 모두 늑대라면…… ▥ 96네 글자 이름 짓기 ▥ 98보삼방사 ▥ 100누가 있어야지 ▥ 101여자의 미모는 곧 직장(?) ▥ 102남편들이 아내가 가장 무서울 때 ▥ 104큰 일 낼 아이 ▥ 105그들만의 공통점 ▥ 106아버지와 아들 ▥ 107다이아몬드 목걸이 ▥ 109산부인과의 남편들 ▥ 111스님과 경찰관

chapter_3 웃음 소리는 소나기처럼 슬픔을 씻겨준다

115순진한 의사 117할아버지 118쌍팔(88)년도식 용어 해설 120"다… 그놈이 그놈이여!" 122모유가 분유보다 월등히 좋은 이유 123남과 여 124대통령의 재치 126잘못 보냈어 128저승사자가 데리러 왔다고 하면 130나도 밖에 안 나오지 131미친놈들 132그녀의 남편들 133삼형제와 엄마 134세일즈맨의 작업 방식(?) 136안타까운 부창부수 138담배 스토리 140야한 여자 141못생긴 여자 142알라는 A학점, 학생은 F학점 143이라크 전쟁 145배째 실라 고그려 147밤에 가면 되지 149별자리에 대한 추론 151가난한 할아버지와 외판원 152그년이 그년 153걱정되는 딸 154쌍둥이의 질투 155생각 없는 엄마 156백수의 등급 158알파벳 이야기

chapter_4 웃음이 머무는 곳, 그곳은 천국이다

163년센스 25 166특별할 때 먹고 마시는 것 167여자와 출산 168노부부의 게임 169DNA 170재미있는 제주도 방언 172목사의 말 173천국에서도 넌 딱 걸렸어 176골초들 177솔직한 은필이 179짱구를 능가하는 호기심 많은 아홉 살 영수 182아이와 산소 184무식한 엄마 185경상도 남편과 서울 남편 188오천 원의 탈선 189남자들만의 이야기 190가전제품과 사내들이 같은 점 192누구네 집안 망신(?) 194잘못된 만남 196아들의 배신 198오리발 199별난 Q & A 201바람둥이 산타클로스 202건강 맨 2035살짜리의 아이큐 204왔씨유(What see you?) 206작대기 넷은 207할머니와 손자 208침대 다리 210사투리 한마당 211주인이 올 때까지 213사오정의 자전거 타기 214사오정 사랑 던지기 216할아버지와 스튜어디스 218담배에 관한 추론 222아담의 갈비뼈는 몇 개?

chapter_**1**

웃음은 희망을 퍼뜨리는 바이러스다

웃음은 홍역처럼 전염성이 강한 것이다.
그것은 잠깐 사이에 사방으로 전염된다.
_ 하베이 힘린

영리한 한국인

프랑스인, 중국인, 그리고 한국인이 아프리카를 여행하다가 추장에게 붙잡혀 현지 법대로 곤장 100대씩을 맞게 되었다. 그래도 인간적인 면이 조금 있는 이 추장은 이들 세 사람에게 한 가지씩 소원을 들어 주기로 했다.

제일 먼저 프랑스인이 "제 엉덩이에 저기 있는 방석 10장을 올려 주십시오." 하고 말했다.

추장은 소원을 들어 주었다. 그러나 방석이 너무 얇아 70대째에 다 찢어져 나머지 30대를 제대로 맞아 엉덩이에 피가 맺히고 기절하기 직전까지 갔다.

그러면서도 프랑스인 하는 말, "역시 우리 프랑스인들은 예술을 너무 사랑해."라면서 정신을 잃었다.

이 모습을 지켜보던 중국인은, "제 엉덩이에 저기 있는 침대 매트리스 3개를 올려 주십시오!"

추장은 소원을 들어 주고 곤장을 쳤지만 중국인은 100대를 맞는 동안 깔깔대며 웃다가 멀쩡하게 일어났다. 그리고 말했다.

"우리 중국 사람들 머리가 제일 영리하다 해."

과연 그럴까. 방석도 없고, 매트리스도 없는데 마지막 한국인은 어쩌지. 그런데 어찌된 영문인지 그는 웃기만 했다.

추장이 말했다.

"네 소원은 무엇이지?"

그러자 한국인이 쪼개듯이 웃으며 하는 말.

"저 중국인을 제 엉덩이에 올려 주십시오."

아가씨와 아줌마의 다른 점 일곱 가지

*외출시 옷 입을 때
 아가씨 : 옷을 입을 때 어떻게 하면 속살을 더 많이 노출시킬까 고민한다.
 아줌마 : 어떻게 하면 살을 더 감출 수 있을까 노력한다.

*마음이 괴로울 때
 아가씨 : 밤을 하얗게 뜬 눈으로 지새우지만
 아줌마 : 술 마시고 눈이 붓도록 잔다.

*거리를 걸을 때
 아가씨 : 쇼윈도우에 비친 자신의 모습을 바라보고 흐뭇해 한다.
 아줌마 : 예쁜 여자들 쳐다보며 처음엔 부러워하다 나중에는 질투심을 느낀다.

*서로에 대한 생각
　아가씨 : 아줌마들을 여자로 생각하지 않는다.
　아줌마 : 아가씨들을 분명 여자로 생각한다.

*술에 취했을 때
　아가씨 : 술에 취해 감성에 취해 울어댄다.
　아줌마 : 막춤까지 동원해 춤추면서 어떤 남자든 하룻밤 파트너를 찾는다.

*밥을 먹는 이유
　아가씨 : 배가 고파서 뱃속의 허기로 밥을 먹는다.
　아줌마 : 가슴속의 허전함 때문에 허기로 밥을 먹는다.

*비가 오거나 날씨가 흐릴 때
　아가씨 : 분위기 있는 카페에 앉아서 누군가를 만날 약속을 만든다.
　아줌마 : 파전 부쳐서 막걸리나 소주 한잔 하고 싶은 생각이 굴뚝 같다.

넌센스 파티

▶지금 인도는 몇 시인가요? [인도-네시아]

▶가게 주인들이 제일 좋아하는 바는? [와-바]

▶뜨거운 것을 가장 잘 참는 개 [핫 도그]

▶여자가 사무실에 들어갈 때 노크를 하면? [똑똑한 년]

▶비의 매니저가 날마다 하는 일은? [비만-관리]

▶세상에서 가장 슬픈 별은? [이별]

▶쥐 네 마리가 모이면? [쥐포]

▶청소하는 남자를 세 글자로 줄이면? [청소년]

▶손가락 5형제의 단결을 도모하는 뜨거운 스포츠는?

[핸드 플레이]

▶제일 나이든 돈은? [할-머니]

▶딱 세 사람만 탈 수 있는 차는? [인삼차]

▶오이가 무를 시뻘겋게 되도록 두둘겨 팼다. 이걸 네 자로 줄이면? [오이무침]

▶최근에 새로 나온 욕은? [뉴욕]

▶신사임당의 자개 소개 멘트는? [신사임-당]

국사 시험 답안지

한 중학교의 중간고사 국사 문제 중 이런 문제가 출제되었다.

"조선시대 신분계급 중 가장 낮은 계급은 무엇인가요?"

사실 이 문제의 정답은 '천민'으로, 어쩌다 TV에서 사극만 보았어도 정답이 보이는 쉬운 문제 아닌가!

그런데 채점을 하던 선생님이 갑자기 뒤로 넘어지는 게 아닌가. 대체 답안지에 무엇이 적혀 있었기에?

어느 학생의 답안지에 적힌 단어는 다름 아닌 '마당쇠'였던 것이다.

변태 아빠의 수학 공부

이제 다섯 살 된 아들에게 아빠가 숫자를 알려주고 테스트를 했다

"8 다음은 9란다. 그러면 9 다음은?"

아들이 답하지 못하자,

"이 바보 같은 놈. '씹'도 몰라?"

화가 난 아버지는 다음 문제로 이어 갔다.

"13 다음은?"

"몰라요."

"15 다음은?"

"몰라요."

화가 난 아버지는 말했다.

"너 이번 것도 모르면 매맞는다."

"…… ."

"17 다음은?"

"씨팔(18)"

그러자 아버지 감동해서,

"야, 너 죽이게 잘 한다."

그래도 여기까지는 그럭저럭 봐 줄만 했다. 변태 아빠는 말했다.

"70보다 하나 작은 숫자는?"

"68요."

화가 머리 끝까지 난 아버지 하는 말,

"야, 엄마하고 아빠하고 밤에 잘 때 어떻게 하고 자지?"

"서로 거꾸로 자요."

"그래 맞아. 거꾸로 세우면 똑같은 글자 있잖아."

"아! 1."

"야, 임마. 69잖아. 넌 그렇게 간단한 자세도 몰라?"

대단한 여비서

어느 기업 회장은 호색한이어서 비서가 곧 세컨드.

그런데 시간이 흐르다보니 여비서 한 명으로는 만족(?)을 못해서 새로운 여비서를 한 명 더 채용했는데 이 여비서도 선수급이었던 것.

그러던 어느 날 후배가 선배에게 말했다.

후배 여비서 : "월급이 너무 짠 편이에요. 회장님께 월급 올려 달라고 하고 싶은데 뭐라고 하죠?"

선배 여비서 : "글쎄, 나는 스커트 하나 사 입기도 힘들다고 했더니 올려 주시던 걸. 회장님도 명품을 좋아하시니까 이해되나 보더라고. 하기야 어차피 자기가 주무를 거니까."

후배 여비서 : "어머, 그래요. 그럼 저는 지금 월급으로는 브래지어 하나 사기도 힘들다고 할까요?"

선배 여비서 : "야! 안 돼!"

후배 여비서 : "왜요?"
선배 여비서 : "우리 회장님 노팬티는 싫어해도 노브래지어는 더 좋아하거든."
후배 여비서 : "그래요.
그럼 팬티로 바꿔 말하면 되지요. 뭐."

"지가 누군지 아십니꺼?"

K가 다니고 있는 지방의 XX대학.

그곳에는 성질 더럽기로 소문난 여교수가 한 분 계신데 그녀의 성격은 깐깐하다 못해 히스테리적이었다. 게다가 그 교수님 특이한 것 하나는 시험 시간을 엄격하게 준수하도록 학생들에게 첫 수업 시간부터 입이 닳도록 말한다는 것이었다. 선후배들 사이에 알려질 대로 알려진 그녀의 별난 무기는 시험 종료를 알리는 벨소리와 함께 답안지를 제출하지 않으면 시험 점수는 무조건 0점 처리한다는 것.

어느덧 1학기 중간고사 시험 시간이 되었다. 교수가 그렇게 반복하여 시간 엄수를 강조했건만 한 학생이 시험 종료를 알리는 벨소리에도 아랑곳하지 않고 답안지를 계속 작성하고 있었다. 10여 분 시간이 흐르자 학생은 답안지를 제출하기 위해 교수에게 다가갔다. 성질 대단한 그 교수 가만히 있을 리가 없었다.

"자네 답안지는 제출할 필요가 없어. 자네는 무조건 0점이야. 알았어?"

그러나 그 학생은 교수를 빤히 쳐다 보면서 이렇게 말했다.

"마, 지가 누군지 아십니껴?"

"모르지. 하지만 자네가 대통령 아들이라고 해도 상관없어. 무조건 0점이야."

그랬더니 이번엔 학생이 목소리를 높여 대꾸를 했다.

"지가 누군지 정말 모른다는 말인겨?"

"그렇다네."

교수님도 화가 많이 난 목소리로 대답했다.

그러자 그 학생은 뭔가를 결심한 듯,

"좋십니더."

하며 얼굴에 웃음을 띠는 것이었다. 그리고 쌓여 있는 답안지들 중간쯤에 자신의 답안지를 깊이 쑤셔 넣고는 쏜살같이 교실을 빠져 나갔다.

아이들 세계

어느 날 선생님이 수업 중에 조지 워싱턴과 벚나무에 관한 일화를 말씀하셨다.

선생 : "여러분! 조지 워싱턴에 대해서 잘 알고 있죠. 조지 워싱턴이 아버지의 벚나무를 잘라버리는 실수를 저질렀어요. 그러나 조지 워싱턴은 그 사실을 숨기고 거짓말을 한 것이 아니라 그 사실을 아버지께 정직하게 바로 말씀드리기까지 했어요."

하니 : "선생님, 그 이야기라면 저희들도 여러 번 들어서 알고 있어요."

선생 : "그럼 워싱턴의 아버지께서는 어째서 워싱턴에게 벌을 주지 않은 것인지 알고 있나요?"

하니 : "그건 조지가 그때까지 도끼를 그대로 들고 있었기 때문입니다."

순발력 만점 테스트 10문제

▶샤워하고 난 후 넣어서 돌려주면 더 좋아하는 것은?

[귓구멍]

▶가장 높은 곳에서 새끼를 낳는 동물은? [하이에나]

▶벌레 중에서 가장 아름다운 벌레는? [헤벌레]

▶바다가 육지라면? [비매품(불량식품)]

▶도둑이 훔친 돈은? [슬그머니]

▶세계적으로 잘 알려진 세 여자는?

[태평양, 대서양, 인도양]

▶빵이 목장에 놀러간 이유? [소보로]

▶소변 금지 구역에 볼 일을 못 보게 하려면?

[지금 카메라 촬영 중이라고 써 놓는다]

▶여자가 남자보다 오래 사는 이유?

[저승 떠나기 전 화장할 시간이 필요하므로]

▶참새가 먹는 간식은 [새참]

여덟 글자로 말하기

소녀 : 소리 내며 하는 여자

처녀 : 처음인 척하는 여자

아줌마 : 아주 많이 해본 여자

할머니 : 할 만큼 해버린 여자

수녀 : 수도 없이 해본 여자

비구니 : 비 오는 날 하는 여자

인도 남자와 한국 여자

 잘 생긴 인도 남자와 예쁜 한국 여자가 우연히 호텔 로비에서 만나서 서로 눈이 맞았다. 며칠을 만나 데이트를 하고 어찌 어찌 하다 보니 두 사람이 드디어 호텔에 투숙했다. 한국 여자가 먼저 샤워를 한 후 수건으로 몸을 두르고 나와서 소파에 앉아 있는 인도 남자에게 섹시한 눈길을 주면서 물었다.

"자기야. 나 예뻐?"

그러자 인도 남자 고개를 좌우로 흔들었다.
여자는 장난인 줄 알고 다시 한 번 물었다.

"자기야. 나 정말 예뻐?"

인도 남자 이번에는 고개만 좌우로 흔드는 게 아니고 눈

가에 미소까지 보이는 게 아닌가? 여자는 화가 나서 마지막이라고 생각하고 다시 한 번 물었다. 큰소리로.

"야, 나 예뻐?"

인도 남자는 드디어 입술을 잘근잘근 씹으며 고개를 좌우로 그것도 더 빨리 흔드는 게 아닌가? 여자는 화가 나서 남자의 귀뺨을 후려 치고는 옷을 입고 호텔을 나와 버렸다. 집에 오면서 여자는 외국 생활을 오랫동안 한 친구에게 이 사실을 털어 놓았다. 그러자 친구가 하는 말이 더 충격적이었다.

"무식하면 연애도 못한다. 인도에서는 '맞다' '그렇다'는 표현이 우리처럼 고개를 아래 위로 끄덕이는 게 아니라 좌우로 흔들어대는 거라고, 이 멍청한 지집애야."

명자야 미안

어느 날 밤 9시쯤 동네 헬스장에서 운동 끝내고 집에 들어오자마자 갑자기 전화벨이 울렸다.

따르르릉~

    나　　　　: 여보세요?
어떤 아줌마 : 거기 학원 아닌가요?
    나　　　　: 네, 아닌데요.
아줌마 : 딸깍. 뚜~~~뚜

잘못 걸려온 전화였다.
아니 이런! 통화 예절이 완전 꽈~잖아!
10초 후…
또 다시 요란하게 울리는 전화기.

따르르릉~

    나 : 예~ 학원입니다. (ㅋㅋㅋ)
아줌마 : 네에~ 안녕하세요? 거기 명자라는 학생 있나요? 지금 아직 수업 안 끝났나요?
    나 : 흠~. 가만있자. 잠시만 기다려 주십시오. 명자라고 하셨죠? 명자 학생이 안 나왔는데요. 어머님 편찮으시다고 그랬던 것 같은데요.
아줌마 : 예? 그~그럼. 딸각. 뚜~~뚜

나는 역시 잔머리의 대가.
명자 양 정말 미안하게 됐네.
넌 집에 들어가면 엄마한테 죽었다. ㅋㅋㅋ

오빠와 할아버지의 차이

 오빠라는 소리에 무덤덤하면 오빠, "에끼 이년" 하면 할아버지.

 덥다고 단추 풀면 오빠, 바지 걷고 양말까지 벗으면 할아버지.

 술 먹고 돈 걸으면 오빠, 소변 보러 가면 할아버지.

 벨트라고 부르면 오빠, 허리띠라 부르면 할아버지.

 패스트푸드점에서 아르바이트 여직원에게 호칭 안 부르고 주문만 하면 오빠, '이봐' 그러면 할아버지.

 지하철에서 자리 없을 때 문 옆에 서 있으면 오빠, 헛기침하면 할아버지.

여학생에게 적합한 질문

생물학 시간이다. 수업을 진행하던 생물 선생님이 교실 중앙에 앉아 있던 한 여고생에게 질문을 했다.

"학생, 주위 환경의 변화에 따라 평상시보다 대략 여섯 배로 커지는 인체의 장기가 뭔지 알고 있나?"

그 여고생은 교사의 갑작스런 질문에 놀라 얼굴을 붉히긴 했지만 냉정을 되찾고 교수에게 따지듯 차가운 목소리로 답했다.

"선생님! 지금 하신 질문은 여학생에게 적합한 질문이 아니라고 생각됩니다. 저희 부모님께 선생님께서 하신 이 일에 대해 사실대로 알리겠습니다."

그 교사는 아무런 대꾸도 하지 않고 다른 여학생을 지목해서 종전과 같은 질문을 다시 했다.

지목을 받은 여학생은 일어나서 추호의 망설임도 없이 또박또박 대답했다.

"어두운 곳에 있을 때 눈의 동공입니다."

교사는 "잘 했어요." 하고는 처음 여학생에게 말했다.

"자네에게 지적해 줄 것이 세 가지가 있어요. 첫째는 자네는 예습을 하지 않았다는 것, 둘째, 자네는 엉뚱한 상상을 했다는 것, 셋째는 자네가 언젠가는 지독한 실망을 하게 될 거라는 것. 그러니 자네 부모님께 내가 일러야겠군."

바보의 숫자 세기

바보가 큰 소리로 숫자를 세고 있었다.
"하나, 다섯, 열둘, 서른넷……."
아무리 세어도 끝이 없는 것 같았다.
바보가 옆에 있는 아빠에게 물었다.
"아빠 숫자를 아무리 세어도 끝이 없어요.
세상에서 가장 큰 숫자는 뭔가요?"
아빠는 어처구니가 없어서 말하지 않았다. 그러자 바보는 다시 이어서 숫자를 큰 소리로 세었다.
"일흔둘, 일흔일곱, 여든하나……"
그러자 화가 난 아빠가 소리쳤다.
"그만 셋!"
그러자 바보 아들이 하는 말.

"아, 구만 셋이군요."

절대 컨닝하지 않은 점수

XX고등학교. 기말고사가 끝나고 학기 성적이 발표됐다. 그런데 너무 형편없는 점수를 받은 어느 반 꼴찌에게 담임 선생님께서 상담이 필요하니 부모님을 학교에 모시고 오라고 했다. 그러자 그 소식을 들은 부모님은 걱정된 마음으로 학교로 갔다.

학부모 : "안녕하세요 선생님? 제가 XXX 애비 되는 사람입니다."

선생님 : "안녕하십니까? 제가 XXX의 담임입니다. 제가 부모님을 학교로 모신 이유는 다름 아니라 XXX에 대해 부모님께 상의드릴 것이 있어서입니다."

학부모 : "네. 이 녀석이 공부도 못하고 잘 하는 게 하나도 없어서요. 걱정이 많이 됩니다. 제 아들놈 잘 부탁드립니다."

그랬더니 선생님께서는

선생님 : "너무 걱정하지 마십시오. 누구에게나 한 가지 재주는 있듯이 제가 옆에서 보아온 결과 댁의 아드님에게도 장점이 한 가지는 있는 것 같습니다."

학부모 : "그렇습니까? 그게 도대체 뭐죠?"

선생님은 바로 학생의 성적표를 꺼내 보였다. 그리고는 말했다.

선생님 : "성적 보이시죠. 이 정도의 성적을 받은 걸 보아서는 결코 컨닝 따위는 안했을 것 같은데요."

새 신랑과 고3의 공통점

- 매일 밤늦게까지 깨어 있고 가끔씩 코피도 쏟는다.

- 좁은 문을 뚫고 들어가기 위해 갖은 애를 쓴다.

- 머리와 손을 많이 사용한다.

- 친구가 수면 시간을 물어보면 많이 잔다고 말한다.

- 가끔씩 휴식도 필요하다.

- "본인을 위해서는 반드시 필요하고 좋은 일이지만 너무 무리해서 하지 마라."라는 소리를 자주 듣는다.

- 꾸준히 지속하려면 영양분 섭취를 충분히 해주어야 한다.

수리하러 왔는데요

정말 무지하게 더운 날, 더워서 짜증이 물밀 듯이 밀려 오던 날, 어느 대학 강의실.

그날 따라 에어컨도 고장 난 강의실은 정말 찜통이었다. 그러니 교수님도 짜증나고 학생들도 짜증나고 모든 것에 온 신경이 곤두선 짜증나는 그런 날, 강의가 시작되고 한 30분쯤 지나서였다.

한 학생이 강의실 뒷문을 힘차게 열고 아무 일 없다는 듯이 들어왔다.

때 묻은 가방을 메고 방금 일어나서 나온 것 같이 땀을 뻘뻘 흘리고 있었다.

그렇지 않아도 더워서 짜증이 날 대로 난 교수님은 정말 열 받은 것 같았다.

강의실에 있는 모든 학생들은 속으로 '된통 걸렸군', '저 친구 오늘 일진이 정말 안좋네.' 라고 생각했다.

교수 : (책상에다 책을 탕하고 치며) "이봐. 자네 지금 몇 시인 줄 아나. 여기가 누구나 맘대로 드나드는 시장바닥인 줄 알아?"

학생 : (별로 미안하지 않은 얼굴로) "저 차가 막혀서요."

교수 : (진짜 열 받으신 것 같았다. 고등학교 같았음--;;) "이봐, 도대체 자네 어제 저녁에 무슨 일을 했길래 지금 시간에 들어오냐고?"

학생 : "저 어제 친구들이랑 고스톱 치다가 술 먹고 잤는데요."

교수 : (정말 열 받으셨는지 말을 더듬더듬) "자아~ 네느은~ 도오 데에체~ 머어 하느은~ 인간이냐? 머하는 인간이냐고?"

그랬더니 학생이 하는 말……

학생 : "저 에어컨 수리하러 왔는데요!"

바람둥이 남편

 남편이 허구한 날 집에 들어 오지 않는 가정이 있었다. 남편은 설령 집에 들어와도 마누라에게는 밤일을 해주지 않았다. 이에 마누라는 남자가 바람 피우는 현장을 목격하여 간통죄로 교도소에 보낼 생각으로 열심히 뒤를 쫓았으나 잡지 못했다.

 그런데 참 이상한 일은 남편의 얼굴이 못생겼는데도 불구하고 여자들은 끊이지 않았다.

 그러던 어느날 남편이 모텔에서 발가벗은 채로 죽었다. 이에 마누라는 괘씸한 나머지 화장을 시켜버렸다.

 그리고 며칠 뒤 마누라는 남편의 절친한 친구를 찾아가 놀라운 사실을 털어놓았다.

 "아이고 마, 내가 오해를 했습니다. 내가 나쁜년입니다."

 "그게 뭔 말인겨."

 "마, 홧김에 화장하고 났더니 고마 수양이 깊은 고승에게서나 나온다는 사리가 10개나 나오지 않았는겨. 그것도 모르고 내는 바람 피운다고 오해를 하고 구박을 한 거 아닙니꺼. 흑흑."

여자는 참회의 눈물을 흘렸다.

"아즈메. 거 잘 살펴보소. 그거 다마라예. 다마 아는겨, 거시기에 박는 구술."

언어의 부메랑

 아이들을 우습게 여기고 빈정대기를 좋아하는 한 학원 강사가 있었다.
 하루는 수업 도중에 또 빈정대기 시작했다.
 "이 방 안에 혹시 멍청이가 있다면 일어나 보세요."
 아무도 일어나지 않았으나 한참 만에 새로 들어온 학원생 하나가 일어섰다.
 그 모습을 보고 강사는 조소를 머금으며 물었다.
 "한데 자네는 어째서 자신을 멍청이라고 생각하는 거지?"
 "사실은 저 자신 스스로 멍청이라고 생각하지는 않습니다만, 강사님만 혼자 서 있는 게 안쓰러워서 일어났죠."

미친년과 그 언니들

다섯째 언니 : 돈도 없으면서 강남에 사는 년
넷째 언니 : 공부 못하는 아들 유학 보낸 년
셋째 언니 : 30억이나 있으면서 파출부 안 쓰는 년
둘째 언니 : 30억도 없으면서 의사, 변호사, 판사 사위 찾는 년
첫째 언니 : 10억도 없으면서 상속 걱정하는 년

미친년 : 위의 언니들을 홍보는 년

너무도 얄미운 그녀들

10대 : 공부도 잘하고 얼굴도 예쁜 애
20대 : 쌍꺼풀 수술하고 턱 깎았는데도 본래 그랬던 것처럼 너무 자연스럽게 잘 된 처녀
30대 : 학창시절 공부도 못하고 얼굴도 별로 아니었는데 남자 잘 만나서 결혼하더니 외제차 몰고 다니는 미씨족
40대 : 젊은 애인 만나서 골프 치러 다니는데도 애들은 알아서 명문대 들어가는 아줌마
50대 : 밥 많이 먹어도 살 안 찌고 피부가 20대 같은 여편네
60대 : 맞벌이 한 번 안하고 편하게 살았는데 남편이 큰 재산 남기고 죽은 미망인
70대 : 평생 나쁜 짓이라고는 다 해놓고 늙어서 천당 가려고 성당에 가서 세례 받는 할망구

대신 옆에 있는 아이를 때리시면

집에서나 학교서나 말을 정말 징그럽게 안 듣는 아이가 있었다.

어느 날 학교에서 전체 학생을 대상으로 야영을 가게 되었다.

야영장에서 역시 이 아이는 천방지축으로 돌아다니면서 전체 분위기를 어수선하게 만들었다.

그러자 선생님은 그 아이의 어머니께 아들에게 체벌을 하겠다고 편지로 그 사실을 알렸다.

그랬더니 아이를 끔찍하게 생각하는 아이의 어머니께서 간곡하게 다음의 편지를 선생님께 다시 보냈다.

"제발 제 아들을 때리지는 마세요. 우리 아이는 무척 예민하거든요. 대신 옆에 있는 아이를 때리시면 저희 아이가 그걸 보고 충분히 겁을 먹고 반성할 거예요."

넌센스 10

▶립스틱을 가장 많이 먹는 사람은?

[화장을 떡칠 하듯 하는 여자의 신랑 또는 애인]

▶하루에 100원씩 1년을 내면 1억 원을 탈 수 있는 계는?

[황당무계]

▶대령이 가장 좋아하는 노래 가사는?

[저 별은 나의 별]

▶벼락부자가 되려면 무슨 장사를 해야 하나? [피뢰침]

▶떼돈을 벌려면 무슨 사업이 좋을까? [목욕탕]

▶합법적으로 바가지 요금을 받아도 되는 상인은?

[바가지 장사]

▶돼지가 열 받으면 ○○○된다? [바비큐]

▶2 빼기 2는? [틀니]

▶세계에서 옷을 가장 잘 만들어 입는 나라는? [가봉]

▶경기와 관계없이 늘 깎아 주는 곳은? [이발소]

아줌마들이 생각하는 요즘 남편

같이 나오면 : 짐 덩어리

집에 두고 나오면 : 근심 덩어리

밖에 내보내면 : 걱정 덩어리

방에서 서로 쳐다보고 있으면 : 웬수 덩어리

병원에 갔다 오면 : 애물 덩어리

침대에 누우면 : 비계 덩어리

돈 벌어놓고 일찍 죽으면 : 돈 덩어리

모범생의 영어

영어 박사로 통할 만큼 영어 실력이 뛰어난 여고생이 있었다. 그 여고생은 공부도 잘했지만 선생님들이 하는 말은 설령 틀린 말일지라도 철저하게 믿고 따르는 모범생이었지. 물론 영어 시험을 치면 늘 100점이었다. 때문에 영어 박사로 통했다.

그런데 한번은 이변이 일어났다.

중간고사에서 영어가 95점이었다. 영작에서 한 문제를 틀린 것이었다.

그 문제는 다름 아닌 '삶은 계란'을 영어로 쓰라는 문제였는데 그만 틀리고 만 것이다.

여고생의 어머니는 열이 받을 대로 받아 딸을 불러 세워 놓고 다그쳤다.

"대체 무슨 생각으로 이 문제를 틀린 거야. 누워서 밥 먹기잖아."

그러자 여고생은 이렇게 말했다.

"지난번에 국어 선생님이 그랬단 말이야. '삶이란 계란과 같아야 한다. 매사에 너무 모나지 말고 그저 둥글둥글하게 살아가는 것이 곧 삶이란다'고 말했단 말이야."

그러니 그 여고생은 답을 이렇게 쓴 것이다.

Life is egg.

부부란

20대 부부 : 너무 좋아서 신나게 산다 (애도 없고 잠자리도 자주 하고 쇼핑도 즐기고)

30대 부부 : 권태기라서 싸우면서 산다 (고독을 씹고 때로는 바람도 피우고)

40대 부부 : 애들 때문에 산다 (헤어지고 싶지만 애들이 한창 클 때라서)

50대 부부 : 등 돌리고 잔다 (이 나이에 이혼하면 뭐하나 싶어 그냥 무미건조하게 산다)

60대 부부 : 등 긁어 주며 산다 (피부는 거칠어져 가렵고 자식들은 다 출가하고 의지할 사람은 배우자뿐)

70대 부부 : 서로 감사해 하며 산다 (서로 살아준 세월이 고마워서)

80대 부부 : 같은 날 같은 시간 같이 죽길 원한다 (혼자 남으면 더 외롭고 힘드니까)

아인슈타인의 운전기사

아인슈타인 모르는 사람은 없었지. 글쎄 아인슈타인이 운전사가 딸린 차를 타고 대학교를 돌아다니면서 상대성이론을 강의할 때 일이래.

하루는 강의를 위해서 한 대학으로 가는 길이었는데 운전사가 아인슈타인에게 한마디 했다는 거야.

"아인슈타인 박사님, 저는 매일 박사님을 쫓아다니면서 강의를 듣다 보니 어찌나 많이 들었는지 전부 외우게 되어서 강의 해보라고 하면 박사님만큼 강의를 해낼 자신이 있습니다."

그랬더니 아인슈타인이

"그렇다면 어디 강의 한번 해보지 그러나. 지금 가는 대학에서는 내 얼굴을 잘 모르니까 거기 도착하면 내가 자네 모자를 쓰고 운전사가 되어줌세. 한번 자네가 내 이름을 대고 강의를 해보게나."

그 운전사는 자신이 말한 대로 정말 흠잡을 데 없이 강의를 훌륭히 해냈다.

그런데 강의가 끝나고 강의를 듣고 있던 그 대학의 교수 한 사람이 까다로운 질문을 해왔다.

운전사는 당황하지 않고 얼른 머리를 굴렸다. 그리곤 여유롭게 웃으면서 이렇게 말했다.

"그 질문의 답은 아주 간단한 것이므로 저의 운전기사더러 나와서 설명 해드리도록 하겠습니다."

chapter_**2**

웃음은 기적을 가져오는

마법이다

웃으면 사람의 몸과 마음을 이롭게 하는
온갖 경이로운 일들이 일어난다.
_앤드류 매튜스

하늘 별 따기보다 더 힘든 일

스님 머리에 머리핀 꽂기

결혼한 아들 내 편으로 만들기

주식으로 잃은 돈 되돌려 받기

한강에 빠진 핸드폰 찾기

계란으로 바위 부수기

다른 남자와 결혼한 첫사랑 뺏기

IQ 70이 서울대 들어가기

경상도 사람, 서울 사람

"아따 마 징한기라."

"그라제. 그카믄 니캉 내캉 다 몬산다."

서울 지하철에서 경상도 아저씨 둘이 시끄럽게 대화를 하고 있었다.

옆에 있던 서울 사람이 참다 못해 한 마디 했다.

"좀 조용히 하셨으면 좋겠는데요?"

경상도 아저씨들이 가만히 있을 리가 있겠는가?

"니 모라켓나 이기 다 니끼가?"

그러자 서울 사람 옆에 있던 친구가 하는 말.

"맞잖아. 내가 일본 사람이라 말했잖아."

충청도 상인

서울 사람이 충청도에 여행 갔다가 5일장에 갔다.

찐 옥수수가 너무 맛있게 보여 떨이나 다름없는 한 무더기에 얼마냐고 물어봤다.

"아저씨, 이 옥수수 얼마입니까?"

"7천 원이유."

"아저씨, 조금만 깎아 주세요. 6천 원에 안 될까요?"

충청도 상인 아무 말이 없이 고개를 돌렸다.

그러자 약이 오른 서울 사람이 다시 말했다.

"곧 파장인데 오늘 못 팔면 상하니까 아저씨도 손해잖아요. 조금만 깎아 주세요."

이쯤 되면 서울 상인들은 손해 보는 척하면서 그냥 팔아 버린다. 아니면 5백 원만 깎아 준다. 하지만 충청도 상인 하는 말.

"냅둬유. 못 팔면 소 주면 돼유."

다섯 살 영희와 철수

다섯 살 된 영희가 친구인 철수네 집에 놀러 왔습니다.

영희 : "철수야, 우리 소꿉장난 하며 놀자."
철수 : "영희야, 우리가 아직도 소꿉장난 할 군번이냐. 그냥 데이트를 하자."
영희 : "어머 급하기는. 알았어. 그럼 오늘은 뭐할까?"
철수 : "우리 그거(?) 하자."
영희 : "뭘 말로 하고 그래. 알아서 하면 되지."

철수와 영희는 드디어 철수네 안방 침대에 올라가 이불을 덮었습니다.

철수 : "영희, 사랑해."
영희 : "나도. 어머 그런데 어쩌지."
철수 : "왜 그래. 또 무드 깨지게."

영희 : "임신하면 어떻게 해?"
철수 : "야, 걱정마. 결혼하면 되지. 우리가 뭐 서너 살 먹은 애들이냐."

담배와 모범수

어느 교도소에 세 명의 모범수가 있었다.

교도소측은 이들에게 한 가지씩 소원을 들어 주기로 했다.

한 명은 여자와의 섹스를 원했다.

또 한 사람은 술을 원했다.

그리고 나머지 한 명은 담배를 원했다.

교도소측은 출옥만 빼고는 다 들어 주기로 하고 이들의 소원을 들어 주었다.

하루가 지난 후 여자를 원한 모범수는 10년 만에 관계를 갖다보니 그만 너무 흥분하여 복상사를 했다.

술을 준 모범수는 15년 만에 술을 처음 마시다 보니 갑자기 목이 막혀 숨을 쉬지 못해 죽었다.

그러나 20년 만에 담배를 얻은 사람은 그 후 5년 뒤에도 여전히 살아 있었다.

의사가 방문하여 검진을 한 뒤 말했다.

"참 건강한 몸을 갖고 있습니다. 날마다 담배를 피우셨을 텐데."

그러자 마지막 모범수가 말했다.

"라이터도 안 주었으니 담배를 피울 수가 있어야죠. 후딱 라이터나 빌려 줘요."

빨리 옷 벗어

유난히도 추운 어느 겨울날 화가의 작업실.

누드 모델 아가씨가 실오라기 하나 걸치지 않고 자세를 취하고 있기에는 너무 많이 춥다고 불평을 해대고 있었다.
그러자 화가도 오늘 날씨가 무척 춥다는 것을 알고 있기에 이렇게 말하는 것이었다.
"그렇겠군. 날씨도 춥고 오늘 따라 그림 그리고 싶은 생각이 없는데, 우리 차나 한 잔 마시면서 이야기나 나눌까?"
그래서 모델은 가운을 걸치고 와 화가 옆 소파에 앉아 차를 마시면서 화가와 이런 저런 이야기를 나누고 있을 때였다.
갑자기 누군가 요란하게 문을 두드리는 거였다.
갑자기 화가가 얼굴이 상기되면서 말했다.

"이것 봐. 빨리 옷 벗어. 우리 마누라, 내가 농땡이 피우는 걸 보면 가만히 두지 않을 거야."

무식한 승객

일본 나리타공항에서 인천을 거쳐 북경으로 가는 JAL비행기가 이륙했다.

이날 따라 비행기에는 한국 사람, 일본 사람이 대부분이고, 중국 사람은 단 두 명이었다.

화장실에 간 한 중국 사람이 앞의 칸에 자리가 많이 비어 있는 것을 보고 곧장 가서 앉았다. 자리 세 개의 팔걸이를 젖히고 그냥 누워버렸다. 옆 사람이 다 있는 자신의 본래 좌석에 비하면 호텔이었다.

그러자 일본 승무원이 말했다.

"손님, 손님 자리로 돌아가셔야 합니다."

"자리가 남는데 아무 데나 앉아가면 되는 거 아뇨."

아무리 승무원이 사정을 해도 이 중국 남자는 자리에서 일어나지 않았다.

이 광경을 보다 못한 다른 중국 승객 한 명이 남자에게로 갔다.

그리고 뭐라고 묻는 듯했다. 대화가 한두 마디 오가더니 앉아 있던 남자가 벌떡 일어나 뒤편의 자기 자리로 돌아갔다.

너무 신기하기도 하고 고맙기도 하여 승무원이 물었다.

"손님은 어떻게 하셨기에 말 한두 마디로 저 승객을 일어나게 하셨나요?"

그러자 이 남자 하는 말.

"인천으로 가냐 아니면 북경으로 가냐고 물었더니 북경 간다고 합니다. 그래서 내가 말했죠. 여기는 인천이고, 뒤쪽이 북경이라고."

갈 데 없으니까

한 부부가 있었다. 그런데 남편은 매일 새벽 3시가 넘어서야 겨우 집에 들어오는 거였다. 그 모습을 보다 못한 아내가 남편에게 바가지를 긁기 시작했다. 남편은 아내가 아무리 화를 내고, 앙탈을 부려 봐도 아무 대답도 안하는 것이었다.

이에 화가 머리끝까지 난 아내가 소리쳤다.

"당신 정말 너무 하는 거 아니에요? 왜 매일 3시가 넘어서야 꾸역꾸역 집에 기어 들어오는 거예요?"

그러자 묵묵히 아내의 말을 듣고 있던 남편이 귀찮다는 듯 말을 했다.

"지금 이 시간에 문 여는 데는 이 집밖에 없어서 들어온다. 왜!"

재미있는 동네 이름

▶ 서울에서 집 값이 제일 저렴한 동네는?　　　[일원동]

▶ 서울에서 제일 점잖은 동네는?　　　[신사동]

▶ 서울에서 가장 많이 노는 동네는?　　　[방학동]

▶ 서울에서 가장 평온하고 행복한 동네는?　　　[낙원동]

▶ 서울에서 묘가 가장 많은 동네는?　　　[장지동]

▶ 서울에서 아이들을 가장 많이 잃어버리는 동네는?
　　　　　　　　　　　　　　　　　　　　[미아동]

▶ 서울에서 길 밖에 없는 동네는?　　　[길동]

▶서울에서 빙고 게임의 맞수인 동네는?

[서빙 고동 동빙 고동]

▶서울에서 효자가 가장 많이 사는 동네는?   [효자동]

▶서울에서 가장 큰 광장이 있는 동네는?   [광장동]

아내의 전 남편

베트남 전쟁 후 고엽제 사용으로 인한 후유증으로 고생하는 많은 사람들이 정부를 상대로 보상에 관한 협의가 진행되고 있는 때였다.

어느 한 남자가 자신도 베트남 전쟁 때문에 인생을 망쳤다고 정부를 상대로 보상을 받겠다고 나섰다.

정부 관계자 : "베트남 전쟁이 당신의 인생을 망쳐놓았다고 하셨나요? 그런 데 조사해 보니 댁은 군대를 갔다 온 내용이 없던데요?"

그 남자 : "그건 맞습니다. 그렇지만 제 아내의 전 남편이 베트남 전쟁에서 전사했거든요."

막강 넌센스 퀴즈

▶물고기의 반대말은? [불고기]
▶대낮에도 홀랑 벗고 손님을 기다리는 것은? [통닭]
▶유부녀를 가장 좋아하는 사람? [산부인과 의사]
▶알몸으로 성공한 여자는? [누드 모델]
▶새우깡에 소주를 마시면? [깡소주]
▶막창에 소주를 마시면? [막소주]
▶가장 흥분되는 춤은? [입맞춤]
▶고추 값 오르면 제일 걱정하는 사람은? [노처녀]
▶성 억제설은 누가 주장했나? [참자]
▶결혼하면 남자의 것을 여자가 빨아야 하는 것은? [빨래]
▶위에서는 빨고 가운데는 만지고 밑에서는 열나는 일은?
[흡연]
▶여자 두 명이 지나가는 걸 무어라 할까? [질투]
▶성 개방설은 누가 주장했나? [주자]
▶찔러도 피 한 방울 하나 안 나는 사람은? [노(no)처녀]

▶ 브래지어의 순수 우리말은? [애기 도시락가방]

▶ 여자의 히프가 큰 이유는? [요강에 빠지면 안 되니까]

▶ 고추 잠자리를 두 글자로 줄이면? [팬티]

▶ 피가 나야 좋은 것은? [고스톱]

▶ 옷을 벗어야 하되 눕거나 서서 하며 아픔이 따르는 것은?

[헌혈]

▶ 신혼부부가 제일 좋아하는 곤충은? [잠자리]

▶ 남자가 가장 좋아하는 술은? [여자 입술]

▶ 눈 오는 날만 일하는 사람은? [안과 의사]

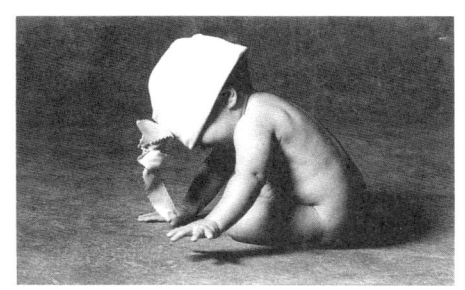

책에 미친 남편

독서를 무지 좋아하는 남자와 사는 여자가 있었다. 그 여자는 남편이 책만 보며 시간을 보내는 것이 못내 아쉬웠던지 남편에게 푸념을 늘어놓기 시작했다.

"여보, 제발 책 좀 그만 보고 간혹 나랑 이야기 좀 할 수 없어요? 당신 주위를 둘러봐요. 온통 책뿐이잖아요. 그리고 머리는 책 생각으로 가득 차 있고, 그러니 내가 당신 옆에 있다는 사실조차 잊고 있는 거 아니냐고요."

남편은 아내의 말을 듣고 고개를 숙이며,

"여보! 정말 미안해."

아내는 이때다 싶어 계속 다그쳤다.

"당신을 보고 있으면 간혹 제가 책이었으면 싶을 때가 있어요. 그러면 당신이 나를 봐주기는 할 것 아니겠어요."

남편은 아내의 말을 듣고 깊이 생각에 잠겨 혼자 중얼거렸다.

"음, 그거 참 좋은 생각이군. 그럼 내가 매일 당신을 도서관으로 데리고 가서 더 재미있는 것과 바꿀 수도 있고."

일본 사람 이름 풀이

▶일본에서 가장 날씬한 사람　　　　　[비 사이로 막가]

▶일본에서 가장 독한 놈 세 명
　　　[도끼로 이마까, 깐이 마또까, 바께스로 피바다]

▶일본의 수도국장　　　　　[무라까와 쓰지마]

▶일본의 구두쇠　　　　　[도나까와 쓰지마]

▶일본의 돈이 남아 도는 사람　　　　　[수표로 미따까]

▶일본의 돌팔이 의사　　　　　[옥도정기 막 발라]

▶일본의 포경수술 전문의사　　　　　[다까세]

남의 아들

한 사우나 라커룸.

모두들 옷을 갈아입느라 정신이 없는데 한 휴대전화가 울렸다.

옆에 있던 한 아저씨가 자연스럽게 전화를 받았다.

휴대전화 성능이 워낙 좋아서 옆에 있어도 상대편 목소리가 쩌렁쩌렁 울려 통화 내용을 모두 다 들을 수 있었다.

전화기 : "아빠, 저 MP3 사도 돼요?"

아저씨 : "어, 그래라."

전화기 : "아빠, 저 또 살 거 있는데요. 새로 나온 휴대 전화가 너무 예뻐요. 그것도 사도 돼요?"

아저씨 : "그럼."

전화기 : "아빠, 아빠, 하나 더 저 컴퓨터 바꿔도 돼요?"

옆에서 듣기에도 컴퓨터까지는 무리라고 생각했는데,

아저씨 : "그래. 너 사고 싶은 거 다 사."

그렇게 모든 부탁을 다 들어 주고 휴대 전화를 끊은 아저씨는 갑자기 주위를 두리번거리며 외쳤다.

"이 휴대 전화 주인 누구죠? 휴대 전화 주인 없어요?"

거짓말의 완벽성

한 남자가 친구 부부와 함께한 자리에서 자신의 아내에게 크리스마스 선물로 커다랗고 예쁜 다이아몬드 반지를 주었다.

식사를 마치고 두 부인이 화장실을 간 사이에 그의 옆에 있던 친구가 말했다.

"자네 부인, 크리스마스 선물로 지프차를 원했었잖아?"

"그랬지."

"그런데 왜 다이아몬드 반지를 사준 거야?"

"자네도 한번 생각해 보게. 어디 가서 가짜 지프차를 구하겠나?"

치킨 부자

아들 병아리가 꾸벅꾸벅 졸고 있는 아빠 닭에게 가서 질문을 했어요.

병아리 : "아빠, 벼슬은 왜 있는 거예요?"
아빠 닭 : "우리를 공격하려고 하는 적에게 위엄을 과시하기 위해서지~!"
병아리 : "그리고 주둥이는 왜 이렇게 생겼어요?"
아빠 닭 : "그건 적을 무자비하게 혼내주기 위해서지!"
병아리 : "그럼, 왜 목소리는 큰 거죠?"
아빠 닭 : "먼저 적의 기선을 제압하기 위해서지!"

아빠의 답을 들은 병아리가 한참 생각하더니 말했다.

병아리 : "그런데, 아빠?"
아빠 닭 : "왜, 아가야?"

병아리 : "그런데 지금 우린 닭장 안에서 뭐해요?"
아빠 닭 : "……." (침묵)

충청도식 영어

There go see you. →거기 갓 씨유 ~

Yes. →그려유

Why go see you? → 왜 갓 씨유?

I not see you? →아이 낫 씨유?

Why not see you? → 왜 낫 씨유?

Not go see for not see you. → 낫코 시퍼 낫 씨유 ~

I meet go see you → 나 미치것씨유

Where up are you? →워디 아파유?

This no are you. ➜ 이거 노아유 ~

My mind do up are you. ➜ 내 마음 두 아파유 ~

Live is yes you. ➜ 사는 게 그려유 ~

피아노가 아니어서 다행

어떤 음악가가 죽음을 앞두고 자신의 가족과 그의 지인들을 모아놓고 유언을 했다.

"내가 죽거든 나와 평생을 같이 한 나의 플루트를 함께 묻어 주시오."

그가 죽으면서 하도 간곡하게 부탁했기 때문에 가족들은 플루트를 그와 함께 묻어 주었다.

장례를 치르고 난 얼마 후 평소 친하게 지내던 한 친구가 찾아와 그 미망인에게 물었다.

"플루트를 묻어달라고 한 것에 대해 어떻게 생각하세요?"

그랬더니 미망인이 이렇게 말했다.

"그이가 생전에 피아노를 연주하지 않은 것이 참으로 다행스런 일이란 생각이 들었지 뭐예요."

몸이 굳어지는 아이

유흥업소가 많은 곳에 사는 열 살짜리 아이가 있었다.

워낙 스트립쇼 업소가 많다 보니 엄마가 아이에게 말했다.

"애야, 여자들이 옷 벗는 것을 보면 안 된단다. 절대 저런 곳에 가면 안 돼. 잘못 하면 돌로 변할 거야."

"네, 엄마."

그러나 아이는 너무 궁금해서 그만 스트립쇼 업소에 들어가고 말았다.

예쁜 여자들이 옷을 하나씩하나씩 벗자 뽀오얀 속살이 나왔다.

한참 동안 나체가 된 여자들을 쳐다보던 아이가 정신없이 그곳을 뛰쳐나와 막 달렸다.

달리다 그만 동네 아저씨와 부딪혔다.

아이가 무엇에 놀란 것만 같아서 아저씨가 말했다.

"무슨 일이니? 왜 이렇게 정신없이 뛰는 거야."

그러자 아이가 마치 큰일이라도 난 듯 흥분조로 말했다.

"우리 엄마가 그러셨는데 여자들이 옷 벗는 것을 보면 돌이 되어 버리니 절대 보지 말라고 했거든요. 그런데 제가 그만 오늘 보고 말았습니다. 그런데 갑자기 고추가 딱딱해진 거예요. 정말 돌로 변하는 것 같아서 겁이 나서 도망쳐 나오는 길이랍니다."

여행의 동반자(?)

 한 항공사가 특별 행사를 실시 했다. 그 행사 내용은 남편들이 사업상 여행을 떠날 때 같이 동행하는 부인들을 위해서 특별하게 반액 요금만 받는 행사였다. 그 항공사는 이 행사를 통해서 많은 수익을 얻었고, 이에 감사하는 마음으로 홍보실을 통해 이번 특별 행사에 참여했던 50명의 부인들에게 여행 소감을 묻는 편지를 보냈다.

 그런데 항공사의 편지에 한결같이 돌아온 50통의 답장들은 이러 했다.

 "무슨 여행이었는데요?"

직행이라예

천하의 바람둥이 J가 있었다. 집은 가난해도 인물이 잘나고 여자를 사로잡는 기술이 워낙 뛰어나 젊은 첩이 생겼다. 그런데 이 첩은 단 하루도 J 없이는 못살 정도로 죽고 못살았다. 하는 수 없이 바람둥이 J는 첩을 집으로 끌고 들어왔는데, 맙소사. 방이 한 칸이니 어쩔 도리가 없어 본처와 첩이 한 방을 쓰게 된 것.

맨 아랫목에 J가 자고 옆에 본처, 그리고 첩은 윗목에 자는데 하루는 한밤중에 첩이 그리워 잠이 깬 것이다.

J는 마누라 몰래 첩에게 가려고 조심스럽게 일어나는데 그만 눈치 빠른 본처에게 걸린 게 아닌가.

본처가 말했다.

"이 밤중에 어디 가유?"

갑자기 할 말을 잃은 J는 말했다.

"나 부산 간다."

그러자 본처가 하는 말이,

"대전도 안 거치고 부산을 가남유."

J가 할 말이 없어 당황해 하자 첩이 대신 위기를 모면시켜 주는데 그 말인즉.

"행님요, 완행이 아니고 직행이라예."

사내들이 모두 늑대라면……

늑대는 평생 한 마리의 암컷과 사랑을 나눈다.

늑대는 암컷과 새끼를 위해 자기의 목숨까지 바쳐가며 싸우는 유일한 포유류이다.

늑대는 사냥을 해 오면 암컷과 새끼에게 먼저 음식을 양보한다.

늑대는 사냥할 때 제일 약한 상대를 고르는 것이 아닌 제일 강한 상대를 선택하여 사냥한다.

늑대는 독립한 후에도 종종 부모를 찾아가 돌본다.

늑대는 인간이 먼저 그들을 괴롭혀도 인간을 먼저 공격하지 않는다.

늑대와 남자와는 엄연히 다르다.

남자를 늑대 같다고 칭찬하지 말라.

남자들이 늑대만큼만 산다면 이 세상의 여자는 울 일이 없을 것이다.

네 글자 이름 짓기

돈이 아주 많은 결혼한 여자　　[아주머니 (Aju money)]

계란 살 돈 밖에 없는 여자　　[애그머니 (Egg money)]

남의 돈을 훔치는 여자　　[슬그머니 (Slk money)]

돈밖에 없는 여자　　[머니머니 (Money money)]

돈이 많아서 늘 축하받는 여자　　[세리머니 (Ceremony)]

너무 권력이 센 여자　　[헤게머니 (Hegemony)]

영업시간:
오바이트 할때까지

보삼방사

농촌 면소재지에 외모는 너무 괜찮은데 좀 무식한 과부가 있었다.

그런데 그때까지 만난 남자들 중 유독 한 남자만이 그녀를 오르가즘에 오르게 했다.

날이면 날마다 7일 동안을 만나 정사를 즐겼는데 하필이면 이 남자가 폭행사고를 쳐서 교도소에 들어갔다.

너무도 보고 싶은 나머지 교도소 면회를 갔다.

교도관이 쪽지를 내밀었다.

"아주머니 이것을 먼저 작성해 주셔야 만날 수 있습니다."

이것저것 쓸 게 많아 짜증이 나는데 하필이면 관계를 쓰는 칸이 있었다.

여자는 교도관에게 말했다.

"이거 안 쓰면 안 돼요? 좀 거시기 하네."

"안 됩니다. 정확하게 기록하셔야 합니다. 특히 숫자는 더 그렇습니다."

여자는 홧김에 이판사판이라고 생각하고 후딱 써서 건네 주었다.
그러자 교도관이 놀라서 물었다.

"아줌마 '보삼방사' 이게 뭐예요?"
"아, 그걸 내 입으로 말해야 돼유?"
화가 난 교도관이 소리를 질렀다.
"아니 무슨 말인지 알 수가 없으니까 그러죠."
그러자 아줌마는 더 큰소리로 말했다.
"보리밭에서 세 번 하고 우리 집 방에서 네 번 했으니까 맞잖아유."

누가 있어야지

태초에 하느님이 아담과 이브를 만들었다.

인류의 조상인 아담과 이브가 편안하게 안식을 취하면서 에덴동산을 거닐고 있었다.

그런데 갑자기 이브가 멈춰 서서 아담을 보고 이렇게 물었다.

"아담, 나 사랑해?"

라고 묻자 아담은 무관심한 듯 이브를 쳐다보면서 대답했다.

"니 말고 그럼 누가 또 있나?"

여자의 미모는 곧 직장(?)

미스코리아만큼이나 예쁜 여자가 애인에게 물었다.

"자기야, 요즘은 회사 취직하려면 일단 외모가 괜찮아야 된데. 나는 어느 정도일까?"

"당연히 그룹사에 가겠지."

친구로부터 이 말을 들은 못생긴 여자도 자기 남자 친구에게 코맹맹이 소리로 물어보았다.

"자기야, 나는 어떤 곳에 취업할 수 있을까?"

그러자 남친이 말했다.

"하지 마. 재택근무해라."

여자가 너무 놀라서 물었다.

"왜 내가 너무 귀여워서 다른 남자들이 꼬실까 봐 그러는 거지."

남자가 하늘을 쳐다보았다가 말했다.

"여러 사람 힘들게 하면 죄 받잖아."

남편들이 아내가 가장 무서울 때

10대 : 다른 여자에게서 온 문자가 발각되었을 때 (그래도 서로가 질투하고 귀여울 때)

20대 : 외박하고 아침에 들어갈 때 (이유는 하나니까)

30대 : 신용카드 내역서 집에 도착하는 날 (야한 술집 간 거 다 들통나니까)

40대 : 한밤중에 아내가 샤워하는 물소리를 들을 때 (고개 숙이기 시작했으니까)

50대 : 아내가 곰국을 끓일 때 (먹어도 안서면 매한가지니까)

60대 : 해외여행 가자고 할 때 (현지에 떼어 놓고 올까 봐서)

70대 : 이사 갈 때 (가는 집이 어디인지 알려 주지 않고 갈 것 같아서)

80대 : 병원에 입원했을 때 (아무도 없을 때 산소호흡기 떼어버릴까 봐서)

큰 일 낼 아이

마을 어른들이 이름이 뭐냐고 물으면 항상
"저는 테일러 씨 딸인데요."
라고 답하는 여자 아이가 있었다.

하지만 그 아이의 엄마는 그렇게 말하는 것은 잘못된 거라며,
"저는 제인 테일러입니다."
라고 말해야 한다고 아이에게 항상 주의를 주었다.

어느 날 교회의 목사님이 그 여자 아이를 보더니 물었다.
"애야, 혹시 너 테일러 씨 딸 아니니?"
그러자 그 여자 아이가 말했다.
"저도 그런 줄 알았는데요 우리 엄마가 아니라네요."

그들만의 공통점

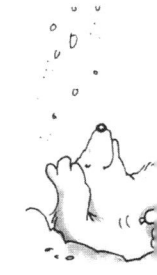

국회의원과 털 : 뽑히면 괴롭다.

군대와 교도소 : 머리 깎고 들어간다.

사람과 짐승 : 먹고 싼다.

여성의 순결과 정치인의 공약 : 지키고 안 지키고는 자신이 의지에 달려 있다.

주부대학과 노인대학 학생 : 대학가요제에 참가할 수 없다.

경찰관과 낚시꾼 : 걸리면 잡는다.

애인과 승용차 : 처음엔 애지중지하다 싫증나면 과감하게 바꾼다.

아버지와 아들

용기가 네모난 팩으로 되어 있는 두유를 매우 좋아하던 친구가 한 명 있었다.

그 친구는 여름방학을 맞아 웨이트트레이닝을 시작했고 항상 운동이 끝나면 그 네모난 두유를 사먹곤 했다.

그러던 어느 날, 그날은 아버지와 만나서 저녁을 먹기로 한 날이었다.

그날도 어김없이 운동을 마치고 헬스장을 나오면서 헬스장 앞에 있는 가게로 가서 두유를 사가지고 먹으려고 했다.

그런데 두유를 마시기 위해 빨대를 꼽고 입에 무는 순간, 누군가가 그의 뒤통수를 힘차게 때렸다.

깜짝 놀라 돌아보니 그의 아버지가 눈을 부라리고 쳐다보고 있었다. 그는 둥그런 눈으로 아버지를 쳐다보았다.

그의 아버지는 왜 맞았는지 영문도 모르는 친구에게 분노에 찬 얼굴로 한 마디 했다고 한다.

"너 이 새끼 담배…… 얼레?"

다이아몬드 목걸이

 단잠을 자던 아내가 기분 좋은 꿈을 꾸었는지 벌떡 일어나 남편을 깨웠다.
 "여보, 너무 기분 좋은 꿈을 꿨어요."
 "뭔데? 로또에 당첨됐어?"
 남편은 방글방글 웃고 있는 아내 곁으로 바싹 다가앉았다.
 그러자 부인이 의미심장한 미소를 지으며 말했다.
 "꿈에 내 생일날인데, 당신이 멋진 다이아몬드 목걸이를 주지 뭐예요. 그것이 무슨 뜻일까요?"
 아내는 남편에게 원하는 답을 말하라는 듯 물었다.
 "음~ 그건 말이지. 당신 생일이 되면 자연스럽게 알게 될 거야."

 드디어 아내의 생일날이 밝았다.
 남편이 퇴근 길에 작은 꾸러미를 안고 들어 와 아내에게 선물이라며 주었다.

아내는 너무 기뻐하며 꾸러미를 받아들고, 열어보았다.

그 안에는 아담한 책 한 권이 들어 있었다.

『꿈의 해석』

산부인과의 남편들

어느 산부인과의 분만실 앞.

분만실로 들어간 아내를 초조하게 기다리는 남편들이 복도에 있는 의자에 여러 명 앉아 있었다.
잠시 후 분만실에서 간호사가 나왔다.

"한남동에서 오신 분, 아들입니다."

함께 있던 사람들이 모두 자기 일처럼 여기며 축하 인사를 건넸다.
10분 뒤 간호사가 다시 나왔다.

"쌍문동에서 오신 분, 쌍둥이입니다."
이번에도 사람들이 다 함께 축하 인사를 건넸다.
잠시 후,

"삼선교에서 오신 분, 세 쌍둥이입니다."
"사당동에서 오신 분, 네 쌍둥이입니다."

그러자 갑자기 복도에 앉아 있던 남편들이 한꺼번에 술렁이기 시작했다.

그때였다.
"오류동에서 오신 분, 다섯 쌍둥이입니다."

그 순간, 기다리던 남편들 중 한 사람이 갑자기 비명을 질렀다.
그러자 사람들이 이유를 물어봤다. 그랬더니 그 남자 울상을 지으며 한 말.

"우리 집은 구파발이란 말이오!"

스님과 경찰관

스님 둘이 오토바이를 타고 과속으로 달리다가 도로에 세워놓은 안내 표지판을 부수었다. 그때 마침 뒤에 달려오던 경찰이 오토바이를 세웠다.

교통 경찰관이 세워보니 스님들이었다.

"아니, 스님들이시네요. 급한 일이 있으셨나요. 과속은 위험하니 천천히 다니셔야 합니다."

그러자, 한 스님이 말하기를,

"염려 마십시오. 부처님께서 함께 타고 계십니다."

스님들이라 그냥 봐주려고 했는데 그 말을 듣고 경찰이 화가 났다.

"죄송하지만 어쩔 수 없습니다. 스티커를 끊겠습니다."

"정말요???"

스님이 의아해 하며 경찰관에게 물었다.

그러자 경찰이 하는 말.

"세 분이 탔으니 분명한 위법입니다."

chapter_**3**

웃음 소리는 소나기처럼
슬픔을 씻겨준다

질병과 슬픔이 있는 이 세상에서
우리를 강하게 살도록 만드는 것은 웃음과 유머밖에 없다.
_찰스 디킨스

순진한 의사

화장을 진하게 한 섹시한 여자가 의사 앞에 앉아 있었다.
여자는 막 진찰을 마친 상황에서 의사의 소견을 듣는 중이었다.

"부인 심각한 상황입니다. 한동안 남편과 잠자리를 피하셔야 합니다."
"정말이에요?"

여자는 너무 즐거워했다.
그러더니 의사에게 부탁을 했다.

"저기요, 선생님. 아무리 부부라지만 저는 그런 얘기 못해요. 저희 남편 전화번호 알려드릴 테니까 전화 한 통화만 해주세요."

의사는 여자의 부탁을 거절할 수 없어 남편에게 전화를 걸어 당분간 아내와 성관계를 피해달라고 했다. 전화를 끊고 난 의사는 여자에게 말했다.

"부인은 아주 조신하신가 봅니다. 부부 사이에 그런 말까지 쉽게 못하시는 걸 보면."

그러자 여자 하는 말.

"별말씀을 다하셔요. 사실 저는 날마다 낮에 만나 즐기는 애인이 있거든요. 호호호."

할아버지

귀가 잘 안 들리는 할아버지가 참다 못해 의사를 찾아갔다.

의사는 귓속에 넣는 신형 보청기를 주고 말했다.

"할아버지, 사용해 보시고 한 달 뒤 다시 오세요."

한 달이 지나고 나서, 할아버지는 병원에 갔다.

"할아버지, 잘 들리세요?"

"그려. 아주 잘 들려."

"다행이십니다. 자제분들이 좋아하시겠네요."

"애들에겐 말 안 했어."

"아니, 왜 그러셨어요?"

"믿을 만한 놈 하나도 없어."

"그게 무슨 말씀이세요?"

"이 집 저 집 다니면서 자식들 하는 말만 들었어. 그리고 벌써 유언장을 세 번 고쳤어……."

쌍팔(88)년도식 용어 해설

마이동풍 : 마이를 맞출 때는 동생을 생각해서 풍성하게 맞춘다.

노발대발 : 할아버지 발은 큰 발이다.

자포자기 : 자신 없는 일은 포기하고 자신 있는 일은 기분 내서 한다.

임전무퇴 : 임산부 앞에서는 절대로 침을 뱉어서는 안 된다.

절세미녀 : 절간에 세들어 사는 미친 여자

주차금지 : 술과 차는 팔지 않습니다.

천재지변 : 천 번 만 번 봐도 재수 없으며 지금 다시 봐도 변함없는 사람

현모양처 : 현저하게 엉덩이 모양이 양쪽으로 축 처진 아가씨

호로자식 : 러시아를 좋아하는 사람

오리지날 : 오리도 지랄하면 날 수 있다

동방불패 : 동사무소 방위는 불쌍해서 패면 안 된다.
백설공주 : 백방으로 설치며 휘젓고 다니는 공포의 주둥
         아리
보통사람 : 보기만 해서는 절대 알 수 없는 사람
박학다식 : 박사와 학사는 밥을 아주 많이 먹는다.
요조숙녀 : 요강에 조신하게 앉아 있는 숙녀
원앙부부 : 원한과 앙심이 가득한 부부

"다… 그놈이 그놈이여!"

'당신은 다시 태어난다면 지금의 남편이나 아내와 또다시 결혼하겠는가?'

이런 질문에 대한 설문 조사가 있었다.

그랬더니 이 물음에 90%가 넘는 사람이 현재의 배우자와 다시 결혼하고 싶지 않다고 대답했다는 결과가 나왔다.

이를 듣고 어떤 신부님이 미사 도중 교인들에게 같은 질문을 하며 현재의 배우자와 다시금 결혼하실 분만 손을 들어달라고 했다.

예배당에 모인 교인들 모두 서로의 얼굴만 쳐다보면서 손을 들지 않았는데 맨 앞자리에 앉아 계시던 어떤 할머니 한 분만 손을 들었다.

목사님께서 얼굴에 미소를 띠며 말했다.

"그래, 할아버님과 그렇게 사랑이 깊으셨습니까?"

그러자 할머니께서 웃으며 대답하시길…….

"다… 그놈이 그놈이여!"

모유가 분유보다 월등히 좋은 이유

- 포장이 매끄럽다 : 자연 발생적인 것이니까
- 터질 염려가 없다 : 몸의 일부분이니까
- 온도나 기간에 따라 상하지 않는다 : 그때그때 즉시 나오니까
- 휴대하기 용이하다 : 따로 들고 다닐 필요가 없으니까
- 데울 염려가 없다 : 늘 따뜻하니까
- 여분이 하나 더 있다 : 두 개이니까
- 잃어버릴 일이 없다 : 몸에 붙어 있으니까
- 흘릴 걱정을 안 해도 된다 : 빨지 않으면 안 나오니까
- 돈이 들어가지 않는다 : 돈으로 사지 않아도 알아서 나오니까
- 경쟁브랜드가 없다 : 자기 엄마 것만 먹으니까

남과 여

예전부터 내려오던 아주 오래 된 유머 중 '여자가 싫어하는 얘기 3가지'가 있다.

첫째는 군대를 다녀온 예비군들의 군대 이야기.

둘째는 남자라면 대부분이 좋아하는 축구 이야기.

가장 싫어 하는 셋째는 군대에서 축구 한 이야기.

여기 까지는 기본 상식이고, 그럼 남자들이 싫어하는 3가지 이야기는 무엇일까?

첫째는 여자들이 좋아하는 화장품 이야기

둘째는 남자들이 웬만하면 따라 나서지도 않는 쇼핑에 관한 이야기.

그렇다면 가장 듣기 싫은 셋째는 바로

못생긴 여자가 하는 얘기랍니다.

대통령의 재치

1981년 3월 30일, 미국 대통령 레이건은 저격 사건으로 피를 너무 많이 흘린 탓에 병원으로 이송되어 수술대에 올랐다.

수술을 집도할 녹색 의사들을 보자 그는 긴박한 상황인데도 불구하고 이렇게 말했다.

"여러분들은 모두 공화당을 지지하는 분들인가요?"

그러자 한 의사가
"오늘은 우리 모두가 공화당 지지자들입니다."
라고 재치있게 답변 했다.

수술실에는 한바탕 웃음소리가 넘쳐났고
긴장된 분위기는 화기애애한 분위기로 바뀌었다.

위기 상황에서 이런 그의 여유와 용기는 그의 생사를 염려하는 국민들의 걱정을 덜어 주기에 충분했다.

잘못 보냈어

고등학교 2학년인 T에게는 여자 친구가 있다. 오래 만난 건 아니지만 서로 사랑하고 있다는 걸 너무 잘 알고 있다.

그런데 어느 날 갑자기 여자 친구한테 문자가 왔다.

〈우리 헤어지자. 나 이제 네가 싫거든. 너 100일나 챙겨 주긴 챙겨 줬니? 어쨌든 우리 헤어져.〉

T는 깜짝 놀랐다. 우선 그녀가 자신을 아주 많이 사랑하고 있다고 믿었거든. 그리고 100일은 아직 멀었으니 더욱 황당하잖아. 그런데 헤어지자니.

T는 마음이 아프기도 하고 당황도 되어서 바로 답장을 했다.

〈진심이니. 그게 너의 생각이야?〉

문자를 보내자마자 바로 여자 친구의 답장이 왔다.

〈어, 미안. 너한테 보내려고 한 문자가 아니야. 잘못 보냈어.〉

휴~~~안심입니… 잠깐! 뭔가 꺼림칙…

이걸 죽여 버려!

저승사자가 데리러 왔다고 하면

회갑(回甲, 61) ➡ 출타중이라고 해.

고희(古稀, 70) ➡ 너무 이르다고 해.

희수(喜壽, 77) ➡ 이제부터는 노년을 즐긴다고 해.

산수(傘壽, 80) ➡ 아직 쓸모가 있다고 해.

미수(米壽, 88) ➡ 쌀밥 더 먹고 간다고 해.

졸수(卒壽, 90) ➡ 서둘 것 없다고 해.

백수(白壽, 99) ➡ 날 좋은 날 간다고 해.

나도 밖에 안 나오지

오랫 동안 함께해 온 노부부가 함께 외출을 했다.
그런데 할아버지와 할머니가 길을 걷고 있는데, 아주 짧은 미니스커트를 입은 아가씨가 옆을 지나가는 것이 아닌가.
그때 할머니가 아가씨의 얼굴을 보고 소리쳤다.

"내가 저렇게 생겼으면 집 밖으로 안 나오겠다."

그러자 옆에서 듣고 있던 할아버지가 말했다.

"당신이 저렇게만 생겼으면 나도 밖에 안 나오지."

미친놈들

20대 : 마누라 아들 못 난다고 첩 얻으려는 놈
30대 : 회사 잘릴 것 두려워서 애 안 나는 놈
40대 : 그간 고생 했으니 먹고 놀겠다는 놈
50대 : 새로운 회사 취업하겠다고 영어 학원 다니는 놈
60대 : 사업하겠다고 집 담보로 대출받는 놈
70대 : 미팅 가서 파트너 못생겼다고 짜증내는 놈
80대 : 거시기 안 선다고 보약에 비아그라까지 처먹는 놈
90대 : 아픈 데 많다고 종합검진 받는 놈

그녀의 남편들

결혼을 하지 않겠다는 나이 많은 한 여자가 있었다.
그녀가 밝히는 결혼하지 않는 이유다.

"저는 결혼을 하지 않는 게 좋겠다는 생각을 합니다. 왜냐하면 우리 집에는 남편 구실을 다하는 세 마리의 애완동물이 있거든요. 매일 아침마다 제게 불평을 늘어놓는 개 한 마리와 오후 내내 욕을 해대는 앵무새 한 마리, 그리고 매일 밤 늦게 들어오는 검은 고양이도 한 마리 있답니다.

삼형제와 엄마

하루는 삼형제가 달력을 보고 있었다.

막내가 달력에 있는 한자를 자랑스럽게 읽었다.

"월 화 수 목 김(金) 토 일."

그러자 둘째가 막내의 머리를 때리며 말했다.

"야, 이 바보 같은 녀석아. 그건 김이 아니라 금이야. 월 화 수 목 금 사(土) 일이야."

이번에는 첫째가 둘째의 다리를 걸어 차면서 말했다.

"멍청한 놈, 그건 사가 아니라 토잖아. 월 화 수 목 금 토 왈(日)."

삼형제를 지켜보던 어머니가 혀를 차며 말했다.

"애들아, 너희 한문 실력이 왜 그 따위야? 빨리 가서 왕(玉) 편 가져 와."

세일즈맨의 작업 방식(?)

세일즈맨이 있었다.

오늘은 거래처 사장의 집을 직접 방문해서 거래를 성사시켜 보려는 마음으로 사장의 집을 방문했다.

세일즈맨이 집 앞에서 초인종을 눌렀다.

그랬더니 너무나도 아름다운 여인이 문을 열고 나오는 것이었다.

세일즈맨 : "안녕하십니까, 부인. 사장님을 만나 뵈러 왔습니다. 지금 안에 계신가요?"

부인 : "이를 어쩌죠? 지금 그 사람은 외국으로 출장을 가셨는데요. 아마 족히 일주일은 걸려야 돌아올 겁니다."

그러자 세일즈맨은 한참 동안 앞에 서 있는 그녀를 바라보다가 한숨을 쉬더니 그녀에게 물었다.

세일즈맨 : "안으로 들어 가서 기다리면 안 되겠습니까?"

안타까운 부창부수

부부가 하루는 밤 늦게까지 아주 열정적으로 밤일을 하고 있었다.

도둑놈이 들어와도 모를 정도로 여자는 달아올라 있었고, 남자는 열심히 손과 입을 움직였다.

그때 갑자기 천둥번개가 번쩍 쳐서 그 순간 방안이 환하게 되었다.

그런데 아내는 남편의 손에 길쭉하고 파란 무엇인가가 있는 것을 보고 이상해서 물었다.

"여보! 지금 당신 손에 들고 있는 게 뭐야?"

남편은 말하지 않았다. 아내가 자세히 보니 오이였다.

남편은 미안하고 당황스러워 하면서 말했다.

"그러니까 이건……."

아내는 자신을 속였다는 생각에 화가 치밀어올랐다.

"지금 뭐하자는 거야! 아니 여태까지 어언 15년간 이따위 오이로 나를 사랑했다는 거야. 정말 믿을 수 없네. 나쁜 남자야, 당신은."

그런데 오히려 남편은 더 화를 내며 소리쳤다.

"야, 이 여자야! 날 속인 건 너도 마찬가지잖아?"

남편의 말에 아내는 벌떡 일어나 대들면서 말했다.

"어머머, 세상에. 내가 왜 당신과 마찬가지라는 거야?"

그러자 남편은 손에 든 오이를 집어 던져버렸다. 그리고 말했다.

"당신은 애를 다섯이나 났잖아. 대체 어떤 놈이야. 오이 씨야?"

담배 스토리

분노 : 한 개비 남은 담배를 거꾸로 물고 필터에 불 붙였을 때
짜증 : 화장실에 가서 큰 것 보면서 담배를 피우려는데 라이터가 없을 때
슬픔 : 돈도 없는데 남은 담배 한 개비가 반으로 부러졌을 때
황당 : 불을 붙이려다 라이터 불로 앞머리를 태웠을 때
당황 : 불똥을 손가락으로 튀겼는데 옆의 사람 옷에 붙었을 때
갈등 : 돈이 부족해서 담배를 사면 좌석버스를 탈 수 없을 때
기쁨 : 마지막 담배인 줄 알고 아껴서 피웠는데 숨은 한 개비가 더 있을 때
좌절 : 재떨이에서 장초를 발견했는데 가래침이 묻어 있을 때

야한 여자

여기는 콘도 프론트.

갑자기 전화벨이 요란하게 울린다.

전화를 받았더니 콘도에 묵고 있는 한 여자 손님이 크게 소리를 지르며 항의를 하는 것이었다.

"제 방 건너편 방에 한 남자가 실오라기 하나 걸치지 않고 알몸으로 돌아다니고 있어요. 민망하게, 이런 법이 어디 있어요? 빨리 와서 조치를 취해 주세요."

잠시 후 콘도 경비 직원이 그녀의 방에 갔다. 경비 직원이 도착하자 그의 손을 붙잡고 재촉하면서 방으로 들어갔다. 경비 직원이 건너편 방을 보면서 말했다.

"저…… 손님. 저기 계신 분 상반신밖에 안 보이는데 뭘 그러세요?"

그러자 그 여자 손님이 말했다.

"이리 와보세요. 한 번 여기 침대 위에서 발 끝으로 서서 봐보세요."

못생긴 여자

한 여자가 숨을 헐떡이면서 황급히 파출소로 달려 들어가 경찰에게 말했다.

"어떤 남자가 자꾸 절 따라오면서 말을 걸려고 해요. 술에 많이 취한 것 같아요."

그러자 경찰이 그 여자를 위 아래로 자세히 살펴보더니 하는 말.

"그 사람 술에 많이 취한 게 틀림없군요."

알라는 A학점, 학생은 F학점

교환 학생으로 온 한 아랍 학생이 첫 대학 중간고사를 치르고 있었다.

그동안 배운 지식을 쥐어 짜내며 열심히 문제를 풀었다.

그런데 그동안 공부한 곳에서는 나오지 않고 전혀 생각지도 않은 문제들이 출제되어 있었다.

아랍 학생은 머리를 짜내다 결국 답안지에 이렇게 쓰고 제출했다.

<알라만이 안다.>

나중에 아랍 학생이 받아든 성적표에는 이렇게 쓰여 있었다.

<알라는 A학점이지만, 학생은 F학점>

이라크 전쟁

 한 미국 젊은이가 의협심이 앞서 이라크 전쟁 파병 모집에 지원했다.
 막상 군의관 앞에 서니 겁이 나는 것이 어떻게든 빠져나가고 싶었다.

 "군의관님, 저는 한쪽 눈이 보이지 않습니다."
 그러자 힐끗 젊은이의 눈을 쳐다본 군의관이 대답했다.
 "걱정 마라. 한쪽 눈이 없어도 싸우는 데 전혀 지장이 없다. 한쪽 눈으로 훈장을 딴 훌륭한 군인도 많다."
 "…… 근데, 저는 결핵도 앓고 있습니다."
 "음, 현대 의학으로는 결핵 정도는 감기와 같다."
 그러자 마음이 급해진 미국 젊은이는 마지막 머리를 짜냈다.
 "군의관님, 저는 하나 더하기 하나도 모르는 초특급 바보입니다."

군의관은 더욱 단호한 얼굴로 덧붙였다.

"그거라면 더욱 걱정마라. 그럼에도 불구하고 지금 우리 대통령은 훌륭히 업무를 수행하고 있다."

배째 실라 고그려

바보가 살았다.
어느 날 집에 무서운 강도가 들어 왔다.

강도 : "널 죽일 수도 있어. 단 내가 말하는 문제를 10초 안에 맞추면 살려주지."
바보 : "정말?"
강도 : "삼국시대에 살았던 세 나라 이름이 무엇일까?"
바보 : (아무리 생각해도 알 수가 없었다.)

강도는 10초를 셌다. 여전히 바보는 답을 모르니, 고개만 갸웃거렸다.

강도 : "10! 9! 8! 7! 6! 5! 4! 3! 2!……"

1초 남았을 때 강도는 할 수 없이 칼을 뽑아들었다. 그런

데 그때 겁에 질린 바보가 하는 말이,

　바보 : "아, 아, 아! 배째 실라 고그려?"
　강도 : "아, 이 녀석 대단하네."

　강도는 약속대로 갔고 바보는 살았다. '배째 실라 고그려'를 '백제 신라 고구려'로 들었으니까.

밤에 가면 되지

러시아인과 미국인, 금발 아가씨 세 명이 얘기를 나누고 있었다.
무척 자랑스러운 듯이 러시아인이 말했다.

"처음으로 우주에 나간 건 우리 러시아 사람입니다. 하하."

그랬더니 이에 대해 미국인도 자랑스럽게 말을 하는 것이었다.

"달에는 미국인이 처음 갔지."

이야기를 듣고 있던 금발 아가씨가 말했다.

"하지만 태양은 우리가 처음으로 갈 거예요."

그러자 러시아인과 미국인이 고개를 저으며 말했다.

"아가씨, 몰라도 정말 너무 모르는 거 아니에요? 태양에는 갈 수가 없어요. 태양에 도착하기도 전에 타 죽을 거라구요."

그러자 금발 아가씨가 기다렸다는 듯이 답했다.

"밤에 가면 되지요."

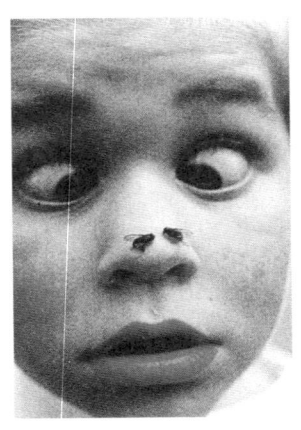

별자리에 대한 추론

명탐정으로 유명한 홈즈와 닥터 왓슨이 좀더 많은 별자리를 보기 위해 캠핑을 떠났다.

두 친구는 간신히 텐트를 치고 미리 잠을 자두어야 밤에 별자리를 잘 볼 수 있다고 생각해서 미리 잠을 자두기로 하였다.

한참을 잔 후 밤이 깊어 두 친구는 잠에서 일어났다.

홈즈 : "정말 찬란하군. 자네는 저 별들을 보고 무엇을 추론할 수 있겠나?"

왓슨 : "음. 별자리를 보아 하니 지금 무슨 계절인지 알 수 있겠고, 금성의 위치를 보니 현재 시간대도 알아낼 수 있겠는데……."

그러면서 왓슨은 고개를 하늘에 처박고 계속 뭔가를 말

하고 있었다.

홈즈 : "그게 아니야. 별들이 찬란히 빛나는 동안 누가 우리 텐트를 훔쳐갔단 말일세."

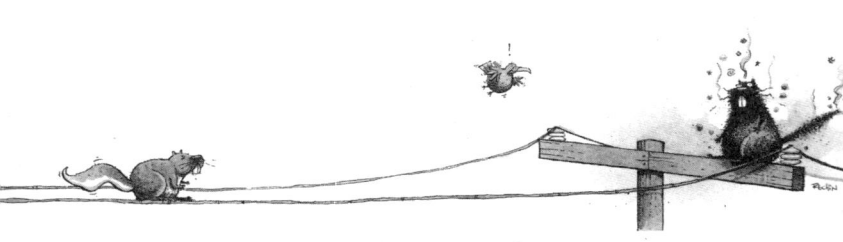

가난한 할아버지와 외판원

스팀 청소기를 파는 외판원이 가난한 할아버지가 혼자 사는 임대 아파트에 청소기를 팔러 들어갔다.

"할아버지는 특별히 정가의 50%에 드릴게요."

"나는 돈 없다."

방바닥은 걸레질을 한 지 몇 년 된 것처럼 온갖 지저분한 때가 가득 껴 있었다.

외판원은 머리를 썼다.

"할아버지, 그러면 제가 이 청소기로 방바닥을 새 장판을 깐 것처럼 깨끗하게 해볼게요. 만일 안 닦이면 지금 당장 제 혀로 다 닦아드리죠."

외판원은 청소기를 꺼내서 전기 코드를 꽂았다.

그런데 어찌된 일인지 청소기가 작동을 하지 않았다.

그러자 할아버지가 하는 말.

"돈 못 내서 우리 집 전기 끊겼어."

그년이 그년

20대 : 대학 나온 년이나 못 나온 년이나 애인 사귀는 건 마찬가지

30대 : 남편 잘 나가는 년이나 못 나가는 년이나 애낳는 것은 마찬가지

40대 : 많이 배운 년이나 못 배운 년이나 학부형 되는 건 마찬가지

50대 : 예쁜 년이나 못생긴 년이나 주름살 느는 것은 마찬가지

60대 : 자식 잘 둔 년이나 그렇지 못한 년이나 호강 못 받기는 마찬가지

70대 : 남편 있는 년이나 없는 년이나 밤에 거시기 할 일 없는 건 마찬가지

80대 : 돈 있는 년이나 없는 년이나 쓸 곳 없는 건 마찬가지

90대 : 산에 누운 년이나 집에 누운 년이나 움직이지 못하는 건 마찬가지

걱정되는 딸

어느 마을에 소위 잘 나가는 의사가 있었다.

아침에 딸아이를 유치원까지 데려다 주기 위해서 아이를 차 뒷좌석에 앉혔다. 뒷좌석에는 자신이 사용하는 청진기를 두었는데 딸아이가 유치원으로 가는 도중 내내 청진기를 가지고 노는 것이었다.

그 모습을 본 의사는,

'우리 딸도 내 뒤를 따라 의사가 되고 싶은가 보다.'

라고 생각하며 흐뭇해 했다.

그러나 그때.

딸 아이가 갑자기 청진기에 입을 대고는 이렇게 말을 하는 것이 아닌가.

"어서 오세요. 여기는 핫도날드입니다. 무엇을 주문하시겠습니까?"

쌍둥이의 질투

쌍둥이가 있었다.

어찌나 젖을 잘 먹든지 한 달도 못되어서 한쪽 젖이 나오지 않았다.

그러자 쌍둥이 엄마는 체격 좋은 형은 분유를 먹이고 몸이 약한 동생은 젖을 주었다.

엄마가 늘 동생에게만 젖을 주자 형이 화가 났다.

그래서 형이 동생을 죽이려고 엄마 젖에다가 독을 발랐다.

그 다음 날 누가 죽었을까요?

80년대 정답 ➡ 아빠

90년대 정답 ➡ 옆집 아저씨

2000년대 정답 ➡ 뒷집 아저씨도 죽고, 홈쇼핑 택배아저씨도 죽었다. 엄마가 홈쇼핑에 중독된 여자였거든요.

그 쌍둥이 아빠는 지금도 잘 살고 있다.

생각 없는 엄마

엄마와 아빠와 아이가 함께 살고 있었다. 어느 날 아침, 아이가 아침 식사를 하다가 아빠의 머리를 불쌍하게 쳐다보는 것이었다. 그러더니 엄마에게 달려가 물었다.

아이 : "엄마, 아빠는 왜 머리카락이 조금 밖에 없어요?"
엄마 : "그건, 아빠가 너무 생각을 많이 해서 그러신 거야."

그랬더니 아이가 이번에는 엄마의 머리를 한참 동안 한심하게 쳐다보더니 물었다.

아이 : "그런데 엄마, 엄마는 왜 머리카락이 그렇게 많은 거야?"

백수의 등급

*초보 백수

시간은 많은데 할 일이 없어 멍하게 보낸다.

만화 가게, 비디오 대여점, 수퍼마켓, PC방 주인과 친해지기 시작한다.

남들이 직업을 물으면 어쩔 줄 몰라 얼굴이 빨갛게 된다.

돈이 없으면 외출을 하지 않는다.

집에서 잔소리하면 이불 뒤집어쓰고 잔다.

*5년 된 백수

넘쳐나는 시간이 그리 부담스럽지 않다.

비디오 대여점이나 만화 가게, 수퍼마켓, PC방 주인 대신 가게를 봐주기도 한다.

직업을 물어보면 프리 랜서라고 말한다.

돈이 없어도 일단 나가고 본다.

잔소리를 들으면 자신이 알아서 하겠다고 한다.

*10년 된 프로 백수

시간 활용의 귀재가 된다.

비디오 대여점이나 만화 가게, 수퍼마켓, PC방에 가지 않아도 만날 사람이 많다. (인터넷에서)

직업을 물어보면 개인 사업 한다고 한다.

돈이 없어도 모임에 당당하게 참석한다.

집에서는 잔소리도 더 이상 하지 않으며, 담배 값과 교통비는 매월 정확히 지급받는다.

알파벳 이야기

구름 속에 숨어 있다 쏟아지는 것 : B

수박 먹을 때 없었으면 좋은 것 : C

예전 아이들의 머릿속에 많았던 것 : E

낮 말은 새가, 밤 말은 이것이 엿듣는다 : G

기침이 나올 때 나오는 소리 : H

5월 5일을 누가 가장 좋아하지 : I

흥분할 때 저절로 나오는 소리 : O

모기가 좋아하는 것 : P

닭이 낳는 것 : R

입고 빨기 쉬운 것 : T

충천도 사람들의 말 중 늘 끝에 붙는 것 : U

사진 찍을 아이들이 손가락으로 표시하는 것 : V

연애하다 아니다 싶은 : X

chapter_**4**

웃음이 머무는 곳, 그곳은 천국이다

햇빛은 누구에게나 따뜻한 빛을 준다.
그리고 사람의 웃는 얼굴도 햇빛과 같이 친근감을 준다.
인생을 즐겁게 지내려면 찡그린 얼굴을 하지 말고 웃어야 한다.
_슈와프

넌센스 25

▶ '미소'의 반대말은? [당기소]
▶ 서울에서 부산을 가는 KTX는 45분이면 대전에 도착한다. 서울역을 출발한 지 2시간 뒤에는 어디를 달리고 있을까? [철도]
▶ '마시고 돈 내고 나가라'를 세 글자로 줄이면?

[마돈나]
▶ '바느질을 하기 위해 실을 찾는 남자'를 다섯 글자로 줄이면? [실 없는 남자]
▶ '죽이다'의 반대말은? [밥이다]
▶ 카톨릭 신자가 일요일에 성당에서 하는 일은?

[미사일]
▶ 전기가 나가면 걸리는 비상은? [초비상]
▶ 변호사는 말로 싸운다. 검사는? [칼]
▶ 경마장에서 하는 장난은? [말장난]
▶ 개그맨들이 찾아 헤매는 거리는? [웃음거리]

▶1 더하기 1은? [노동]
▶2 더하기 2는? [덧니]
▶'조금 전에 울다가 그친 사람'을 다섯 글자로 줄이면?

[아까운사람]

▶외할머니를 두 글자로 줄이면? [모모(母母)]
▶전축에 레코드를 올려 놓고 듣는 소리는? [판소리]
▶서울역은 어느 구로 들어갈까? [출입구]
▶좋은 약은 아픈 몸에 쓴다. 좋은 말은 어디에 쓸까?

[경마]

▶야구 선수가 분실한 책은? [실책]
▶운전사들이 주로 사용하는 재떨이는? [아스팔트]
▶시력이 아무리 좋아도 눈 뜨고는 볼 수 없는 것? [꿈]
▶코끼리와 고래가 결혼해서 태어난 말은? [거짓말]
▶순전히 재수로 돈 버는 곳은? [재수학원]
▶가장 싼 사냥 도구는? [파리채]
▶천자문의 첫 자와 둘째 자의 차이는? [천지 차이]
▶실없는 사람한테 있으나마나 한 것은? [바늘]

특별할 때 먹고 마시는 것

▶피박에 광박 쓰리고에 멍박까지 판을 엎고 싶을 때 마시는 것   [파토 레이!!]

▶1년에 한 번 목욕 가는 사람이 목욕 가기 전에 먹는 것   [때빼 로!!]

▶과외 선생님에게 수고하셨다고 엄마가 주는 음료   [레쓴비]

▶신혼 첫날밤 친구들이 들이닥치면 할 수 없이 내놓는 것   [왜와스]

▶아저씨들이 주책없이 달라붙을 때 먹는 것   [에이써]

▶술 먹은 다음날 견디라고 먹는 약   [견디 셔!!]

▶신앙심이 깊은 사람이 기도드리고 나서 먹는 것   [오! 예수]

▶고개 숙인 남편을 위해서 마누라가 힘내라고 주는 과자   [세워깡]

▶코가 작은 사람이 마시면 코가 커지는 것   [코가 클라!!]

여자와 출산

10대 소녀가 애를 낳으면 ➡ 난감한 일

처녀가 애를 낳으면 ➡ 창피한 일

새댁이 애를 낳으면 ➡ 당연한 일

40대 아줌마가 애를 낳으면 ➡ 주책스러운 일

50대 아줌마 애를 낳으면 ➡ 무식한 일

60대 할매 초년병이 애를 낳으면 ➡ 기네스북에 오를 일

70대 할머니가 애를 낳으면 ➡ 애 낳다 죽을 일

80대 할머니가 애를 낳으면 ➡ 애도 할매도 둘 다 죽을 일

노부부의 게임

 깊은 산속에 할아버지와 할머니가 살고 있었는데 노부부가 할 일이 없으니 허구한날 말싸움만 하는 거였다.

 결과는 뻔한 일. 늘 할머니의 승리다.

 약이 오른 할아버지는 어떻게든 한번은 할머니에게 이겨 보는 게 소원이다.

 생각 끝에 할아버지가 제안한 게임은 '오줌 멀리 싸기'였다.

 두 사람은 보는 사람 없으니 마음 놓고 마당에서 오줌 멀리싸기 시합을 막 시작하려고 하는데, 이번 역시 결과는 또 할머니의 승리다. 대체 앉아서 싸는 할머니에게 서서 싸는 할아버지가 진 이유는 무엇일까?

 이유는 있었다. 게임 전 할머니가 내건 한 가지 조건 때문이었다.

 그것은 다름 아닌,

 "할아범! 거시기에 손데기 없시유."

DNA

어느 한적한 마을에서 살인 사건이 발생했다. 그러나 곧 용의자가 잡혔고, 용의자로 잡힌 어느 한 남성이 변호사를 선임했다.

재판을 준비하던 변호사가 살인사건 용의자를 만나 전해 줄 나쁜 소식과 좋은 소식이 있다는 것이었다.

용의자는 먼저 나쁜 소식이 무엇이냐고 변호사에게 물어봤다. 변호사는 얼굴 표정을 심각하게 변화시키더니,

"당신의 혈액에서 추출한 DNA와 범행 현장에서 발견된 혈흔에서 추출한 DNA가 일치한다는 겁니다."
라고 안타깝다는 표정으로 말을 전해 주었다.

그러자 용의자는 이젠 희망이 없다는 표정으로 그 자리에 주저앉으며, 그럼 좋은 소식이란 건 무엇인지 또 물어보았다. 그러자, 변호사는 굳어 있던 표정을 조금 풀면서 말했다.

"DNA 추출을 위해서 혈액 검사를 했는데, 당신의 혈액의 콜레스테롤 수치가 정상으로 떨어졌답니다."

재미있는 제주도 방언

- 옵데강 ➡ 오셨습니까
- 혼저 혼저, 재게 재게 옵서 ➡ 어서어서, 빨리빨리 오세요
- 도르멍 도르멍 옵서 ➡ 뛰면서 오세요
- 놀멍 놀멍 봅서 ➡ 천천히 보세요
- 날봅서 ➡ 여보세요.
- 얼마나 사쿠꽈 ➡ 얼마나 사겠습니까
- 다시 오쿠다 양 ➡ 다시 오겠습니다
- 영 갑서양 ➡ 이쪽으로 가십시오
- 이거 얼마우꽈 ➡ 이거 얼마입니까
- 독새기 ➡ 달걀
- 어멍 ➡ 어머니
- 왕갈랑갑서 ➡ 와서 나누어 가지고 가세요
- 경허지 맙서 ➡ 그렇게 하지 마세요
- 차탕갑서 ➡ 차를 타고 가세요.
- 놀암시냐 ➡ 놀고 있느냐

- **이거 얼마우꽈** ➜ 이거 얼마입니까
- **어디 감수꽈** ➜ 어디 가십니까
- **낼 오쿠꽈** ➜ 내일 오시겠습니까
- **골암수꽈** ➜ 말하십니까
- **맛조수다게** ➜ 맛있습니다
- **이시냐** ➜ 있느냐
- **햄시냐** ➜ 하고 있느냐
- **와시냐** ➜ 왔느냐
- **검절매레 안갈꺼과** ➜ 김매러 안가실 겁니까
- **좋수꽈** ➜ 좋습니까
- **이쑤꽈** ➜ 있습니까

목사의 말

 어느 날 아침 한 목사님이 목회실 문 앞에 떨어져 있는 편지를 열어 보았다.
 편지 봉투 안에는 작은 종이 한 장만이 들어 있었다.
 종이를 펼쳐 보았더니 종이에는 '바보'라고 적혀 있었다.
 돌아온 일요일에 목사님은 예배 중에 신도들 앞에서 편지에 대해 말씀하셨다.

 "저는 지금까지 여태껏 편지를 쓰고는 실수로 자기 이름을 잊고 안 쓴 편지는 많이 받아봤습니다. 그런데 지난주에는 누군가로부터 자신의 이름만 쓰고 내용은 잊어버리고 안 쓴 편지를 받았습니다."

천국에서도 넌 딱 걸렸어

검은 고양이가 죽어서 천국에 갔습니다.

하나님이 고양이에게 물었습니다.

"평생을 착하게 살았으니 원하는 게 있으면 한 가지만 말해라. 그러면 너의 소원을 들어 주마."

고양이는 말했습니다.

"저는 평생을 가난한 집에서 살았습니다. 그래서 늘 딱딱하고 차가운 마룻바닥에서 잘 수밖에 없었답니다. 저에게 솜털베개를 주신다면……."

하나님이 말했다.

"그렇구나. 그야 어려운 일이 아니지."

갑자기 검은 고양이게 아주 포근하고 쿠션이 좋은 솜털베개 하나가 생겼습니다.

그 후 여러 날이 지났는데 어느 집에 불이 나서 그곳에 살던 쥐 여섯 마리가 떼죽음을 당하고 천국에 온 겁니다.

하나님은 쥐들에게도 소원을 말하라고 했습니다. 그러자

아빠 쥐가 말했습니다.

"하나님, 저희는 늘 쫓겨 다니면서 살았답니다. 발바닥이 닳았을 정도로 뛰었으니까요. 우리가 사는 집에는 검은 고양이가 있었거든요. 이제 뛰어다니는 건 질렸습니다. 저희에게 롤러스케이트를 주셨으면 합니다."

곧장 여섯 마리 쥐들의 발에 멋진 롤러스케이트가 신겨졌습니다.

또 며칠이 지났습니다.

하나님은 고양이와 쥐가 잘 있는지 궁금해 그들을 찾아갔습니다.

그런데 쥐들은 안보이고 고양이만 그 포근한 베개 위에서 아주 평온하게 잠을 자고 있었습니다. 하나님이 말했습니다.

"얘 검은 고양이야, 요즘 어떻게 지내니?"

그러자 고양이는 잠에서 깨어 아주 여유있게 말했습니다.

"역시 천국입니다. 생각했던 것 이상으로 좋습니다. 그중에서 바퀴를 달아서 배달해 주신 간식들은 정말 맛있었습니다."

하나님이 말했습니다.

"오, 마이 갓!"

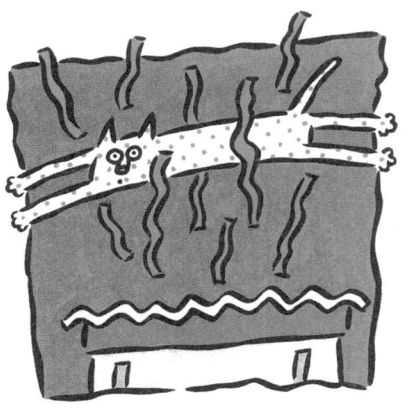

골초들

두 명의 골초가 있었다. 둘은 절친한 친구였다. 항상 담배도 나누어서 피는 그런 사이였다.

골초1 : "정말 담배를 끊으면 장수할 수 있다는 게 사실일까?"

골초2 : "아니야. 내가 봤을 땐 단지 사람들이 그렇게 느끼는 것뿐이야."

골초1 : "왜 그렇게 생각하는데? 그리고 그걸 네가 어떻게 알아?"

골초2 : "사실은 나도 장수한다는 얘길 듣고 시험 삼아 하루 동안 담배를 안 피워 봤거든……."

친구가 말끝을 흐리자 또 다른 친구가 무척 궁금해 하며 대답을 재촉했다.

골초2 : "담배를 안 폈더니 하루가 얼마나 긴 지 정말 오래 사는 기분이 다 들더라니까!"

솔직한 은필이

 은필이가 초등학교 다닐 때 선생님은 늘 씩씩하고 솔직하게 말해야 한다고 했다.
 어느 날 스무 살 된 은필이가 고추에 이상한 게 생겨서 병원을 찾아갔다.
 대기실에는 진찰을 받으러 온 사람들이 무척 많았다.
 은필이는 접수대 간호사에게 큰 소리로 말했다.
 "고추가 아파서 왔어요!"
 그러자 간호사 기겁을 하면서 말했다.
 "조용히 하세요. 사람들이 다 듣잖아요."
 치료를 끝내고 간호사가 말했다.
 "내일 또 오시구요. 내일은 접수할 때 코가 아파서 왔다고 하세요. 아셨죠."
 다음 날 은필이가 접수대 앞으로 다가갔을 때 간호사는 고개도 들지 않고 열심히 컴퓨터 자판을 두들기고 있었다.
 은필이가 말했다.

"코가 너무 아파요."

간호사는 은필이에게 물었다. 그런데 어제 그 간호사가 아니었다.

"코가 어떻게 아프세요?"

은필이는 자신있게 말했다.

"코로 오줌이 나오는데 피가 섞여서 나와요."

간호사의 얼굴이 갑자기 붉게 변하더니 정신과로 가라고 했다.

짱구를 능가하는
호기심 많은 아홉 살 영수

* 울 아버지가 애지중지 키우던 열대어 스무 마리 다 죽였다

심심해서 거품놀이 해보려고 하이타이를 한주먹 넣고 저어보았다.

순식간에 열대어들이 펄떡 뛰며 난동을 부리더니 다시 잠잠해졌다.

그날 울 아버지한테 죽도록 두들겨 맞았다.

* 광고를 보고 응용해 보았다

'늘 부드럽고 특별한 맛'이라는 커피 광고를 보고 정말 그 맛이 궁금했다.

조금 머리를 쓴답시고 커피에 밥을 비벼서 먹었다. 속이 쓰리고 이상해서 다 토해 버렸다.

이튿날 학교 대신 병원을 갔다.

* 이모가 애 낳았다고 해서 나도 해보고 싶었다

집에 동생하고 둘이 있을 때 달걀을 항문에 끼고, 힘줬다 뺐다 반복했다.

그러다 달걀이 깨져서 똥꼬가 아팠다. 동생이 아빠한테 일러서 그날도 신나게 터졌다.

* 엄마 아빠가 밤에 일어나는데 대체 무엇 때문에 그러는지 의심이 갔다

하루는 엄마 아빠 침대 밑에 들어가, 숨어서 때를 기다렸다. 갑자기 침대가 움직이기 시작했다. 처음에는 옆으로 기울더니, 나중에는 위, 아래로 움직여서 그만 침대에 깔려 죽는 줄 알았다.

답답해서 밖으로 나왔는데 엄마 아빠는 로버트처럼 합체하고 있었다. 나도 아빠 뒤에서 3단 합체를 시도했다. 그날 나는 두 손 들고 벌서야 했다.

* 엄마의 브래지어는 색상이 다양했다

엄마가 없는 틈을 타 엄마의 브래지어를 다 꺼내서 서로

의 끈을 연결했다. 그리고 그것을 옥상에다가 빨래줄처럼 펼쳐놓았다. 동생은 나에게 설치미술가라고 했다. 하지만 그날 오후 발가벗은 채로 옥상에서 엄마한테 신나게 잔소리를 들어야 했다.

아이와 산소

오늘은 추석. 가족 모두 한자리에 모였다. 아침부터 차례를 지내려고 분주하다.

추석 아침 차례를 마치고 온 가족이 함께 아침을 먹고 성묘 준비를 했다.

준비가 끝난 후 가족과 친척들 모두 성묘를 갔다. 할아버지, 할머니 산소를 찾아 정성껏 절도 하고 성묘를 마쳤다.

그리고 가족끼리 둘러 앉아 가지고 간 음식들을 나누어 먹으면서 이야기꽃을 피울 때쯤 함께 가신 고모님이 말씀하셨다.

"민이 (고모님 아들)가 할아버지, 할머니께 대표로 한 마디 해."

참고로 민이는 5살이야. 그때 민이가 한치의 주저함도 없이 한 말에 가족들 모두 다 쓰러졌다.

(묘를 보며)

"할아버지 할머니, 오래 사세요!"

무식한 엄마

 사이가 좋은 무식한 형과 호기심 많은 어린 동생이 있었다. 하루는 엄마와 두 아들이 병원을 가게 되었다.
 엄마를 따라 병원에 간 두 아들은 병원 복도에 있는 의자에 앉아 지나가는 의사들을 유심히 바라보고 있었다.
 한참을 바라보던 동생이 형에게 물어보았다.

"형. 왜 의사들은 수술할 때 마스크를 하는 거야?"

그러자 형은 이렇게 대답했다.

"그거야, 수술이 잘 못되더라도 환자가 자기 얼굴을 알아보지 못하도록 하려고 그러는 거야."

경상도 남편과 서울 남편

∗ 출근할 때

서울 아내 : "자기야, 뭐 잊은 거 없어?"
서울 남자 : "맞다. 뽀뽀 안했네. 이리 와. 쪽."
경상도 아내 : "뭐 잊은 거 엄능교."
경상도 남자 : "있다. 핸폰 가꼬 온나."

∗ 잠자다가

서울 아내 : "자기야, 나 팔베개 해도 돼?"
서울 남자 : "그럼."
경상도 아내 : "보소. 마 내 팔베개 해도 됨니꺼?"
경상도 남자 : "이기 한밤중에 미칫나."

∗ 자기 전에

서울 아내 : "자기 나부터 목욕해도 돼??
서울 남자 : "당연하지."

경상도 아내 : "보소. 마 지부터 목욕 쫌 해도 될까예?"
경상도 남자 : "와. 니 오늘 팔고 왔나."

✽ 공원에서
서울 아내 : "자기, 나 잡아봐----라."
서울 남자 : "알았어----어."
경상도 아내 : "보소. 내 좀 잡아보소."
경상도 남자 : "니 잡히면 콱 지기쁜다."

✽ 길가에 핀 꽃을 보고
서울 아내 : "자기, 저 꽃 따줄 수 있어?"
서울 남자 : "자기가 원한다면 뭐든지 할 수 있지."
경상도 아내 : "저 꽃 쪼매 따줄랑교."
경상도 남자 : "이기 미칫나. 저기 니끼가."

오천 원의 탈선

G는 약속이 있어서 정신없이 지하철을 타고 가다가 서울대역에서 하차했어. 그런데 마침 역 입구 상가에 가방을 판매하는 집이 있었어.

가게에서 가방을 팔고 있던 어떤 아저씨가 보통 그렇듯이 뭐라뭐라 소리를 치며 가방을 팔고 계시더라고. G는 그 가게 앞으로 지나가야 했기에 무심코 그 아저씨의 외치는 소리를 들을 수 있었지.

"가방 하나에 오천 원~~ 시장 갈 때 시장가방 하나에 오천 원~~ 여행갈 때 여행가방 하나에 오천 원~~ 도서관 갈 때 책가방 하나에 오천 원~~."

여기까지는 그냥 그런가 보다 생각했지.

그런데 크고 낭랑한 목소리로 날리는 다음 멘트가 그냥 저를 멈춰 서게 했다는 거야. 뭐라고 했냐고?

"가출할 때 가출용 가방 하나에 오천 원~~ 가출하실 분 어여 와서 하나씩 사가요~~."

남자들만의 이야기

▶인체 중에서 상황에 따라 평소의 6배까지 팽창하는 곳은? [동공]

▶비아그라의 출현으로 남자들이 얻는 이득은? [고생, 여자만 이득]

▶남자들이 흔들 때 쾌감을 느끼고, 싸고 나면 허무해지는 것은? [고스톱]

▶남자의 코가 크면 무엇이 클까? [콧구멍]

▶20명의 남자를 7자로 줄이면? [이놈 저놈 18놈]

▶구멍이 커야 이기는 경기는? [엿치기]

▶남자들이 축구, 농구, 골프 같은 구기운동을 좋아하는 이유는? [본능적으로 넣는 걸 좋아하니까]

가전제품과 사내들이 같은 점

다리미 : 빨리 달아오르고 빨리 식는다.

커피포트 : 성능만 좋으면 1분 만에도 끓는다.

냉장고 : 덩치에 비해 기능은 1자형으로 단순하다.

전자레인지 : 속부터 태운다.

식기세척기 : 오목한 그릇은 제대로 닦지 못한다.

세탁기 : 지정만 해주면 처음부터 끝까지 혼자 알아서 처리한다.

누구네 집안 망신(?)

손녀딸이 데이트하러 나간다고 들떠 있는 것을 보고 걱정이 된 할머니가 손녀를 붙잡고 말씀하셨다.

"애야, 남자는 모두 늑대니까 조심해야 한다. 만약 그 녀석이 너에게 키스하거나 가슴에 손을 대려고 하면 확실하게 거절해야 한다. 또 치마 속에 손을 넣으려고 하면 꼬집어 뜯어서라도 절대 못하게 하고, 혹시나 위에 올라타려고 하면 물어뜯어서라도 반드시 막아야 한다. 그렇지 않으면 우리 집안 망신시키는 거야."

손녀딸은 고개를 끄덕거리고는 남자 친구와 데이트하러 나갔다.
다음 날 아침, 할머니는 손녀딸을 불러 물어 보았다.

"그래, 데이트는 재미있었나? 혹시 그 녀석이 딴 짓은 하지 않든? 이 할미가 시킨 대로는 했겠지?"

그러자 손녀딸은 아주 의기양양한 목소리로 대답했다.

"그럼요, 할머니. 데이트도 재미있었고, 우리 집안 망신시키는 일은 절대 하지 않았어요. 할머니 말씀대로 그 녀석이 저를 엎어놓으려고 하지 뭐예요. 그래서 아예 내가 그 녀석을 엎어놓고 그 위에 올라탔어요. 그러니 그 애 집안이 망신당했을 거예요."

잘못된 만남

수술대의 환자가 마취 되려는 순간이었다.
그는 신경이 잔뜩 곤두서서 소리소리 질렀다.

"베이커 박사가 집도하는 건 아닐 테지! 그 사람한테 맡겨서는 안 돼요! 절대로 안 돼요!"

수술팀 사람들이 가까스로 그 환자를 진정시켰을 무렵 베이커 박사가 나타났다.
환자를 눈여겨본 의사가 한 마디 했다.

"아니 이게 누구야? 작년에 내가 수술을 잘못 했다고 덮어씌워서 나를 골탕 먹이려 했던 바로 그 변호사분 아니신가!"

아들의 배신

　엄마와 아들이 함께 길을 걸어가고 있었다. 그런데 좀 떨어진 곳에서 아빠가 없는 불쌍한 아이 한 명이 앉아 흙을 가지고 놀고 있었다.
　그러자 엄마가 아들에게 이렇게 말을 했다.

엄마 : "토미, 지금 네가 가지고 있는 축구공을 아빠가 없는 저 불쌍한 아이에게 주는 게 어떻겠니?"

토미 : (가지고 있던 축구공을 꼭 껴안으며) "축구공 대신에 아빠를 주면 안 될까요?"

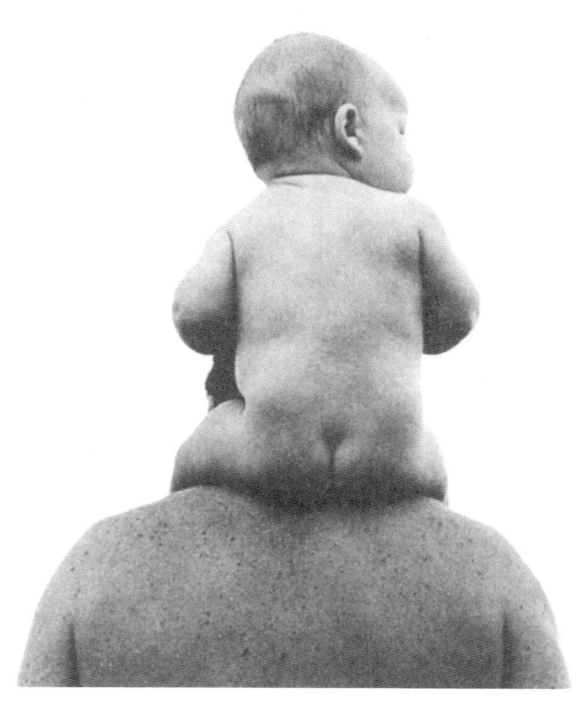

오리발

- **가수 김모 씨** : 술은 마셨지만 음주 운전은 하지 않았습니다. 또 차는 몰았지만 운전을 하지는 않았습니다.
- **김모 정치인** : 뇌물은 먹었지만 비리를 저지르진 않았습니다.
- **탤런트 이모 씨** : 그냥 빨간 신호등에서 차를 달렸지만 교통 위반을 하지는 않았습니다. 시속 100km 이상으로 달렸지만 과속은 안했습니다. 면허는 없었지만 무면허 운전은 아니였습니다.
- **일본의 축구선수** : 상대 선수의 발은 걷어찼지만 반칙은 하지 않았습니다.
- **어느 애연가** : 담배는 피우지만 현재 금연 중입니다.
- **도선생** : 은행은 털었지만 돈은 안 훔쳤습니다.

별난 Q & A

_ case 1.

Q : 우리 나라 돈에는 왜 여자 모델이 없죠?

A : 오백 원짜리 동전에 학이 암컷입니다.

_ case 2.

Q : 인터넷을 사용하는데 한 10분쯤 사용하면 자꾸 컴퓨터가 다운이 돼요. 어떻게 해야 하죠?

A : 그렇다면 9분만 하시면 됩니다.

_ case 3.

Q : 한 달 후면 군대를 가게 됩니다. 후회 없는 군생활을 보내려면 무엇을 해야 할까요?

A : 군 제대 하루 남은 제가 말씀드리는데 무슨 일을 해도 후회합니다.

_ case 4.

Q : 전 얼굴도 괜찮고 몸매도 괜찮은데, 왜 남자가 안 생길까요?

A : 01-9895-9041로 언제라도 전화 주세요.

_ case 5.

Q : 지금 집에 할머니랑 저밖에 없는데 갑자기 할머니가 너무 많이 아프세요. 도대체 지금 전 어떻게 해야 하죠?

A : 우선 컴퓨터부터 끄시고 병원으로 모시든가 하세요.

바람둥이 산타클로스

 크리스마스를 며칠 남겨둔 어느 날 한 소년이 산타클로스에게 편지를 보냈다.

 "저는 이번 크리스마스 선물로 동생을 받았으면 좋겠어요. 제 소원 꼭 들어 주세요."

 이 편지를 읽은 산타할아버지가 소년에게 다음과 같은 편지를 답장으로 보내왔다.

 "편지는 잘 읽었어요. 그런데 이번 크리스마스 선물을 받으려면 네 엄마를 나에게 먼저 보내줘야 할 것 같구나."

건강 맨

건강에 무척 신경 쓰는 한 남자가 있었다. 그 남자는 자신의 건강을 위해서 날마다 조깅을 했는데, 어느 날 출근길에 친한 친구를 만났다.

남자 : "이봐 조지, 잘 지냈나?"

친구 : "응 잘 지내고 있지. 자네는?"

남자 : "나도 잘 지내지. 요즘 건강을 위해서 매일 조깅을 하면서 말이지. 오래 살려면 규칙적인 조깅이 필수라는군. 자네도 조깅을 해보지 그러나?"

그랬더니 친구가 이렇게 말하는 것이었다.

친구 : "자네 뭘 잘 모르는군. 1마일을 조깅할 때마다 수명이 1분 추가된다고들 하지만 나는 85세가 되어서 한 달에 5천 달러를 써가면서 양로원에서 5개월을 더 살고 싶지는 않다네."

5살짜리의 아이큐

Y에게는 5살난 아주 귀여운 조카가 있었다.

조카는 말도 잘 듣지만 호기심이 많아 이런 저런 것들을 귀찮을 정도로 물어보곤 했다.

어느 날 조카가 집에 놀러 왔는데 10원짜리 동전을 가지고 Y에게 다가오더니 이렇게 질문을 했다.

"삼촌, 이걸로 뭐 살 수 있어?"

10원짜리로 뭘 할 수 있을까 고민하다가 Y는,
"아마 전화 걸 수 있을 거야. (공중전화 말입니다.)"

그랬더니 조카가 하는 말.

(동전을 귀에 대고) "여보세요. 거기 아무도 없어요?"

왔씨유(What see you?)

목욕탕에서 있었던 일이다.
피부 청결사 그러니까 때밀이 아저씨에 대한 얘기다.
아저씨가 근무하는 목욕탕에 거의 매일 오는 외국인이 있었다.
오늘도 그 외국인이 왔는데 거의 매일 보는 사이여서 아저씨가 친한 척을 했다

때밀이 : (환하게 웃으면서) 왔씨유(What see you?)
외국인 : (샤워기 앞에 있는 거울을 보다가) 미뤄(Mirror!)
때밀이 : (웃으면서) 컴온(come on).

영문도 모르는 외국인은 아저씨에게 붙잡혀서 그날 거의 실신상태로 이리 뒤집히고, 저리 뒤집히고, 꺾이고 하여 간 혼쭐 났다.

작대기 넷은

*이병
 작대기 하나 : 능히 혼자서 한 명의 적과 싸워 이길 수 있다.

*일병
 작대기 두울 : 능히 혼자서 두 명의 적을 상대할 수 있다.

*상병
 작대기 세엣 : 혼자서 능히 세 명의 적을 섬멸할 수 있다.

*병장
 작대기 네엣 : 네 명이 모여야 한 명의 적을 상대할 수 있다.

할머니와 손자

어느 날 할머니께서 손자가 충치 때문에 아팠다는 소식을 듣고 손자에게 전화를 했다.

할머니 : "우리 이쁜 손자 어제 이가 아팠다면서. 이제 아프지 않고 괜찮은 거야?"
손 자 : "몰라요, 할머니."
할머니 : "왜 몰라? 지금 이가 아픈지 안 아픈지 네가 잘 알 것 아니냐?"
손 자 : "지금 난 몰라요. 그 이는 치과의사가 가지고 갔는 걸요."

침대 다리

어느 날 한 남자가 너무 괴롭다며 정신과 의사를 찾아왔다. 그 남자는 의사를 보자마자 이렇게 하소연했다.

"집에 들어가서 잠자리에 들면 침대 밑에 누군가 있다는 생각이 듭니다. 그래서 침대 밑으로 가보면 또 침대 위에 누군가가 있는 거 같고요. 이제는 그 생각 때문에 잠도 못 자고 미칠 지경입니다."

그랬더니 의사가 이렇게 말했다.

"증상을 봐서는 저에게 2년 동안 치료 받아야겠군요. 매주 세 번씩 꼭 오시도록 하세요."

남자 : "그럼 치료비는 얼마인가요?"
의사 : "한 번 진료할 때마다 200달러입니다."
남자 : "생각보다 비싸네요. 생각해 보고 연락드릴게요."

그리고 그 남자는 다시는 병원을 찾지 않았다.

6개월이 지난 어느 날 거리에서 우연히 그 의사와 마주치게 되었다.

의사 : "왜 다시 병원에 오지 않으셨어요?"
남자 : "매번 200달러씩 들어간다면서요? 그래서……. 근데 지금은 다 나았어요. 제가 아는 바텐더가 10달러에 고쳐줬거든요."
의사 : "어떻게요?"

그랬더니 그 남자가 말하길,
"침대 다리를 없애버리라더군요."

사투리 한마당

* 서울 말 "전화 왔어요."라는 말을 지방 사투리로 말하면?

다방 종업원인 경상도 아가씨가 손님에게 하는 말

["아저씨 좃 나왔서예"]

충청도 식당 아저씨가 하는 말

["아가씨 젖 나 왔시유"]

경상도 아저씨가 하는 말

["아가씨 젖나왔다 안 카나"]

강원도 아줌마가 하는 말

["아저씨 좃나 왔드레여"]

전라도 아저씨가 하는 말

["거시기 젖 나왔당께요"]

주인이 올 때까지

평생을 산골에서만 살던 할머니 한 분이 천안 독립 기념관에 구경을 갔다.

어찌나 넓고 볼 것이 많은지 돌아다니다 다리도 아프고 지친 할머니가 가족들에게 천천히 구경할 테니 먼저 구경하라고 하곤 의자에 앉아 쉬고 있었다.

경비원이 다가와 조심스럽게 말했다.

"할머니! 이 의자는 김구 선생님이 앉던 자리입니다. 여기 앉으시면 안 됩니다."

"내 다리가 너무 아파 그러니 잠시만 앉았다가 일어나겠네."

그러자 경비원은 난감한 표정을 지으며 다시 정중하게 말했다.

"할머니! 힘드셔도 여기는 앉으시면 안 됩니다. 김구 선생님 자리거든요."

가만히 경비원의 말을 듣던 할머니가 화가 나는지 벌컥 소리를 질렀다.

"내가 잠깐만 앉았다 일어난다는데, 왜 이리 난리여. 김 군지 김팔인지 의자 주인 올 때까지만 앉아 있으면 안 되나?"

사오정의 자전거 타기

교육감이 감찰 나오는 날, 사오정네 반이 너무 시끄러워 선생님이 교장 선생님께 불려 갔다 와서는 아이들에게 전체 벌을 주고 있었다.

벌칙은 누워서 자전거 페달 100개를 하는 것이었다.

아이들이 모두 누워서 낑낑대며 자전거 페달을 밟고 있었다.

그런데 어찌된 일인지 사오정은 페달을 밟지 않고 가만히 있는 것이었다.

선생님이 사오정에게 다가가 야단을 쳤다.

"사오정! 너는 자전거 페달을 밟지 않고 왜 가만히 있는 거니?"

그러자 사오정이 눈을 동그랗게 뜨고 이렇게 말했다.

"선생님, 저는 지금 내리막길을 내려가고 있어서 발을 움직이면 안 돼요."

사오정 사랑 던지기

 날씨가 끝내주게 쾌청한 어느 날, 사오정이 공원으로 놀러 갔다.
 한참 구경하고 나니 배가 고파 빵 하나를 사서 먹고 있는데, 비둘기들이 모여들어 사오정의 빵을 쳐다보았다.
 평소에 생명을 사랑하라고 하신 선생님 말씀이 생각난 사오정, 빵을 뜯어 비둘기들에게 던져 주고 있었다.
 마침 항상 세계 평화만 생각하는 아저씨 한 분이 이 모습을 보더니 사오정에게 다가와 말했다.

 "쯧쯧. 지금 아프리카 같은 나라에서는 굶어 죽는 아이들이 한둘이 아니란다. 그런데 너는 사람들도 먹기 힘든 빵을 이렇게 비둘기한테 던져 주고 있는 거니?"

 그러자 빵과 비둘기, 아저씨 얼굴, 그리고 하늘을 한 번 쳐다보던 사오정이 진지한 목소리로 대답했다.

"아저씨! 아저씨 맘은 알겠는데요. 저는 그렇게 먼 곳까지는 빵을 던질 수가 없는데요."

할아버지와 스튜어디스

여든이 넘으신 할아버지가 가족들의 배려로 처음으로 해외 나들이를 가기 위해 비행기를 탔다.

아무래도 걱정이 된 가족들이 비행사측에 할아버지를 잘 보살펴 달라고 특별 주문을 했다.

담당 스튜어디스가 이 메모를 보고 할아버지를 잘 보살펴야겠다고 마음먹었다.

한참을 비행하던 비행기가 갑자기 난기류를 만나 심하게 흔들리기 시작했다.

어여쁜 스튜어디스가 서둘러 할아버지에게 다가가 손을 꼭 잡아드렸다.

다행히 비행기는 별 탈 없이 비행을 하였고, 비행기가 공항에 안전하게 도착하였다.

스튜어디스는 할아버지를 모시고 출구까지 안내한 후 인사를 드렸다.

"할아버지! 안녕히 가세요. 몸 건강하시구요."

그러자 할아버지가 인자한 미소를 띠며 말씀하셨다.

"그래. 비행기가 흔들릴 때 무서우면 연락해요. 내 아까처럼 손을 꼭 잡아 줄 테니까. 알았지?"

담배에 관한 추론

*피는 이유
 초급 : 걱정, 초조함을 잊기 위해 담배를 핀다.
 중급 : 버릇으로 피게 된다.
 고급 : 담배를 안 피우면 불안, 초조해진다.

*불 붙이기
 초급 : 불을 붙일 때 빠는 법을 몰라 조금 고생한다.
 중급 : 불 켜는 법을 가지고 장난을 치기 시작한다. 성냥 곽 돌리기, 가스 라이터로 소리내기, 지포라이터로 켜기 등.
 고급 : 불만 있으면 된다. 연탄불, 가스렌지, 버너, 모닥불까지

*담배가 없을 때(게다가 돈도 없을 때)
 초급 : 안 핀다.

중급 : 기다렸다가 친구가 오면 얻어 핀다.
고급 : 재떨이를 뒤지기 시작한다.

*담배의 맛
 초급 : 여러 종류의 담배를 피워 본다. 이것, 저것 등등.
 중급 : 하나를 잡기 시작해서 그것만 고집한다.
 고급 : 담배면 된다.

*피는 순간
 초급 : '담배 피워야지'란 결심이 필요하다.
 중급 : '식후 흡연은 심신평안'이란 말에 충실히 따른다.
 고급 : 아침에 일어나면 담배부터 찾는다.

*담배와 라이터를 잃어버렸을 때
 초급 : 더 비싼 담배를 잃어버렸을 때 더 기분 나쁘다.
 중급 : 담배보다 라이터 잃어버린 게 더 기분 나쁘다.
 고급 : 잃어버려도 상관 없다. 집에 널린 게 라이터, 담배다.

*담배 안 피우는 친구에게
 초급 : 자신이 담배 피우는 이유를 장황하게 설명하려고

한다.

중급 : "담배란 한 번 피워 봐도 되지"라고 말을 한다.

고급 : "담배 피우면 안 좋아! 넌 절대 피우지 마!"라고 말을 한다.

*금연 표지판

초급 : 어디 들어갈 때마다 금연 표지판이 있나 확인한다.

중급 : 대충 어느 곳이 금연인지 안다.

고급 : 화장실에 금연이라 되어 있으면 비웃으면서 담배를 문다.

*영화에서 담배 피우는 장면이 나올 때

초급 : 아무 생각 없다.

중급 : '정말 멋지게 피우는데?' 하는 생각이 든다.

고급 : 영화는 비디오로만 본다, 같이 피울 수 있게.

*버스 타고 가는 도중 휴게소에서 멈출 때

초급 : 화장실에 간다.

중급 : 화장실 가면서 담배를 피운다.

고급 : 담배 피울 곳을 먼저 찾는다.

*담배의 양

　초급 : 2, 3개비라 하면 부끄러우니 차라리 안 피운다고 한다.

　중급 : 한 갑 정도

　고급 : 사실대로 말하면 사람들이 놀라 말을 얼버무린다.

아담의 갈비뼈는 몇 개?

아담이 사냥을 떠난 지 여러 날이 지났는데도 오지 않자 이브는 걱정을 하기 시작했다. 그러나 하루 이틀 지나자 이브는 점점 남편을 의심하기 시작했다.

드디어 아담이 사냥에서 돌아왔다. 손에는 달랑 동물 한 마리 잡고서.

그러자 자기의 의심이 맞다고 생각한 이브가 아담을 닦달했다.

이브 : (턱을 바짝 들이밀면서) "자기 왜 이리 사냥을 오래 해? 요즘 딴 여자 생긴 것 아냐?"

아담 : "그게 말이 돼? 이 지구상에 자기 말고 여자가 어디 있다고 그래?"

이렇게 아담과 이브의 부부싸움은 밤이 늦도록 계속되었다. 드디어 아담이 잠이 든 후 한참이 흘렀다. 갑자기 아담이 옆구리가 결리는 느낌이 들어 눈을 떴다. 그러자 이브가 잠을 자지 않고 옆에 붙어 있는 것이었다.

   아담 : "아니? 잠도 자지 않고 지금 뭐하고 있는 거야?"
   이브 : "자기 갈비뼈를 세고 있는 중이야. 움직이지 말고
         가만히 좀 있어 봐."